ハーバード式
最高の記憶術

ハーバード医科大学 元研究員
医学博士
川﨑康彦

きずな出版

What best reminds us of a person is
precisely what we had forgotten.

「我々の忘却してしまったものこそ、
ある存在をいちばん正しく
我々に想起させるものである」

――マルセル・プルースト(『失われた時を求めて』より)

Prologue

ハーバードから「ずっとここに残ってくれ」と言われた私の記憶術

本書を手に取っていただき、ありがとうございます。

ハーバード医科大学の元研究員で、医学博士の川崎康彦と申します。

さて、この本を手に取られたあなたは、

「さぞかし賢い人が書いたんだろうな……ハーバードとか書いてあるし」

こんなふうに〝記憶力の達人〟から学ぼうと思われたかもしれません。

先に謝罪します。

そのように本書を手に取られた方々、申し訳ありません。

最初から暴露してしまいますが、この本は〝読んだらすぐに物覚えがよくなって、IQが急激にアップするのを保証します〟というものではありません。

ただし普段から「記憶するのが苦手」と感じて悩んでいる人が、記憶に対しての考え方が変わり、苦手意識がなくなるということは保証します。

なぜなら、私自身が人一倍、忘れっぽい人として悩んでいたからです。

ですから本書は、一般的な「記憶術」の本のように、脳トレの方法や暗記術の具体的なメソッドを〝完全網羅〟したような本ではありません。

ただし、ハーバードの研究を経験した医学博士として、医学的エビデンスに基づいた記憶にいいとされる習慣を、自信を持ってお伝えしていきます。そういった理由から、本書はタイトルを『ハーバード式　最高の記憶術』としています。

◎記憶とは何か？

さて、私自身の自己紹介はあとまわしにするとして、まずは本論に入る前に「記憶とは何か？」という部分に軽く触れておきましょう。

記憶には「短期記憶」と「長期記憶」の2種類があります。

ひと言で言うと、短期記憶は数十秒以内の記憶、長期記憶はそれ以上残っていく記憶です。そして私たちは日常で短期記憶をいかに維持し、向上させていくかにフォーカスしている傾向にあります。

しかし、じつはこの短期記憶、人生を生きるうえでそれほど重要ではありません。最低限のものがあれば大丈夫です。

なぜなら、これからはＡＩ（人工知能）をはじめとするツールが、それを担《にな》ってくれる時代が来るからです。

現代人は江戸時代の人たちと比較すると、短期記憶の力が衰《おとろ》えています。インターネットやスマートフォンをはじめとする、記憶を代替《だいたい》してくれるものの登場で、これからその傾向はどんどん強くなっていくことは明白です。

私が子どもの頃は、たくさんの電話番号や住所などを記憶するのが普通で、10〜20の電話番号が無意識に出てきたものです。ちなみに私は、何十年も使っていないにもかかわらず、いまでも昔の自宅の電話番号を覚えています。しかし、いまは電話番号を覚えたりすることは、それほど必要なくなってきました。

「短期記憶はあまり必要とされない」という時代は、すでにやってきているのです。

そこで、記憶において、この短期記憶より大事になってくるのが長期記憶です。それをお伝えしたくて書いたのが、この本です。

◎長期記憶に残すための3つのコツ

ここで長期記憶に残すコツをご紹介していきたいと思います。

脳の観点から見た、長期記憶に残すための三原則というのがあります。

① 新しいことをできるだけたくさん経験する

新しいことに興味を覚え、やってみたいと思ったら何事もチャレンジしてみてください。それが好きになったら、もっと好きになるよう行動してみてください。

② 失敗を恐れない

長期記憶には「失敗」の文字はありません。失敗しようが成功しようが関係ありません。どれだけインパクトがあるかが大切です。インパクトがあるかというのは、どれだけ〝自分の心が反応して感じたか〟ということです。さらに言うと、どれだけ自分の本質に沿っていたかということです。知識だけ得て何も行動しないで後悔するより、インパクトに残る失敗をすることが、長期記憶に残るコツです。

③ 記憶に執着しないこと

いつも初心者の心（ビギナーズマインド）でいること、小さくまとまろうとしないで、記憶に縛られずに生きることが大切です。知識や常識にとらわれずに、常に柔軟でいることで、あなたの思考回路は思いもよらないところにたどり着きます。記憶の断捨離《だんしゃり》も自由自在にできる状態になります。

以上の３つのポイントです。

すこし抽象的な表現なので、追って説明させていただきますが、この３つのポイントに関しては、私は世界で指折りであると自負しています。

新しいことに取り組むチャレンジ精神、失敗の数の多さ、そして記憶に執着しないこと、この３つにおいては誰にも負けない自信もあります。

あなたもこの三原則に沿って生きれば、長期記憶の達人になれます。

◎ハーバード医科大学にて、異例の〝４年間で12本〟の関連論文発表

私は２００３年の11月から２００８年の３月まで、ハーバード医科大学の医療機関であるブリガム・アンド・ウィメンズ病院において、麻酔科の疼痛《とうつう》研究所に在籍して、研究員として日々を過ごしていました。

世界一の研究所（ＡＲＷＵ世界大学学術ランキング２０１６年医学部門１位）にて、

約4年間「神経生理学」と「痛みが発生する仕組み」の研究を重ねてきたわけですが、ここで私がハーバードに行くことになった経緯をご紹介したいと思います。

私はそれまで、佐賀大学医学部において、神経生理学の研究者として日々学んでいました。大学院博士課程を無事に終え、そのまま大学に残ることになり、助手の職に就くことになりました。

人生で初めての国家公務員としての体験です。それまで勉強と研究しかしてこなかった私にとって、安定の生活の始まりが訪れました。この待遇だけでも私のなかでは満足でした。

しかし、国家公務員として働き始めて1ヵ月もしない頃に転機が訪れました。

なんとハーバード医科大学から、研究員としてお招きの話があったのです。

大学院の先輩からの紹介で始まった話だったのですが、当時は教授をはじめ、多くの方にとても心配されていました。

「やっていけるはずがない」と思われていたのです。

成功する、しないということよりも「まず続けることができず、どうせすぐに帰ってくるだろう」というのが大方の予想でした（実際にあまりの研究の厳しさに、そういった人もいます）。

家族も「何かの間違いではないか？」とあまり本気にしていませんでした。親からは「いつまでも夢見るな！」と、なぜか怒られたのを覚えています。

しかし当の私はというと、周囲の心配などまったく耳に入らず、楽観的にこれから始まるであろうアメリカ生活に、ただワクワクしていました。

そしていざ、アメリカのボストンでの生活が始まりました。

着任して最初に私の研究室に連れて行かれたときには、さすがに震えました。

これから従事していく実験室には机以外、何もなかったのです。すべてが空っぽの状態……。

「あちゃー、やはりアメリカの研究生活って大変だな……」と感じた瞬間でした。

これに比べたら日本の大学の研究室はパラダイスです。欲しいものがすでに揃っていて、実験に没頭するだけでよかったのですから。逆にアメリカではまず実験道具や薬品などを揃えたり注文したり……すべて自分でやるわけです。電話で交渉もしなければいけませんし、欲しい実験セットも自由に買えるというわけではありません。「これは厳しすぎるな……」と何度も思いましたが、結果としては毎日が新鮮で新しい体験だらけでした。

研究仲間の協力もあり、そんなこんなで驚異的なスピードで実験セットが完成し、ついには**最初の論文が9ヵ月あまりで受諾された**のです。

これには日本の研究室の先輩たちも、驚いていました。何が起こったのか意味不明だったことでしょう。あのやる気のない輩《やから》（当時はそのように見られていたようです）が、ハーバードに行って一年以内で論文を発表できたのですから。

そこから私のアメリカ生活は4年にも及びました。誰も4年間研究室にいられるなんて予想しなかったでしょう。私自身も予想していませんでした。

研究のほうも、多くの方と共同研究をしたり、さまざまな研究方法を学び、決して専門分野にとらわれずに、トライアンドエラーを重ね、チャレンジしていきました。

その結果、多くの論文を発表することができました。

その数なんと12本。4年間で12本の論文を発表するというのは、異例中の異例だったようです。そして最後には、超難関の論文を発表して、まさに〝ノッている〟状態でした。

でもそんななか、私は研究自体に魅力を感じることがなくなってきて、モチベーションは下降気味でした。

そしてある日、帰国を決意します。

上司に「研究所を辞めたい」と話すと、逆に慰留《いりゅう》され、研究室でのポジションを用意して差し出してくれました。

「ここに残って研究を続けてくれ」

とまで言ってくださいました。なんともありがたいことです。

最初は誰もが半年も続かないだろうと思っていた私に、ポジションを与えてくれるというのですから。

しかし私はこのオファーを丁重にお断りし、次の人生のステップに向かっていったのです。次のステップが具体的に何かもわからずに……。

◎人生は「長期記憶」をつくる旅である

だいぶ省略してお伝えしましたが、このようなハーバード医科大学での記憶は、新たな経験をするときに勇気を与えてくれます。

誰でも、強い意図と勇気さえあれば何事も達成できるという自信にもなりました。ハーバードで得た体験によって、毎日が新鮮に感じられ、心がいつも豊かでいることができました。そして、いまでも私の長期記憶に鮮明に生き続けています。

……というわけで、私は俗に言う頭がキレて、記憶力が抜群のガリ勉で、忍耐強く、負けず嫌いなタイプではありません。

どちらかというと、のんびり、あきっぽい、忘れっぽいほうです。

しかし、新しいことに取り組むチャレンジ精神、恐怖をワクワクに変える勇気、チャンスを必ず受け取る成長の気持ちを強く持ち続けてきたことによって、天才頭脳集団のハーバードのなかで、楽しみながらチャレンジすることができました。

おもしろいと感じたこと、興味を持ったことは必ず身体で感じてみて、好きだと感じたら極めていって、その匠《たくみ》の領域を目指し、誰かの役に立てる機会をつくっていくことが何よりも大切です。

・新しい体験にワクワクして取り組む
・そして好きなことを見つけ、匠を追求する
・しかし一切の執着をせず、いつまでも少年のような心でいる

これがハーバードで学んだ、私なりの**「脳が全開になる最高の記憶術」**です。

これを意識していただくだけでも、あなたの長期記憶は豊かに、いつまでも残り続けていくでしょう。

さあ、あなた自身にとってベストとなる、長期記憶をつくりに出かけましょう。

たくさんの新しい体験をして、多くの人の記憶に残る人生を歩んでいくきっかけのお手伝いに、この本がなってくれることを心より祈っております。

Contents

Chapter 2

ハーバードで学んだ最高の記憶術

Contents

Chapter 3 脳を最適化する6つのホルモンと記憶の関係

Chapter 4

記憶力を極限まで上げる方法

Contents

Chapter 5

身体と脳を最高の状態に持っていく

Last chapter

マルチリンガルの私の語学学習法

Contents

ハーバード式　最高の記憶術

ブックデザイン　池上幸一

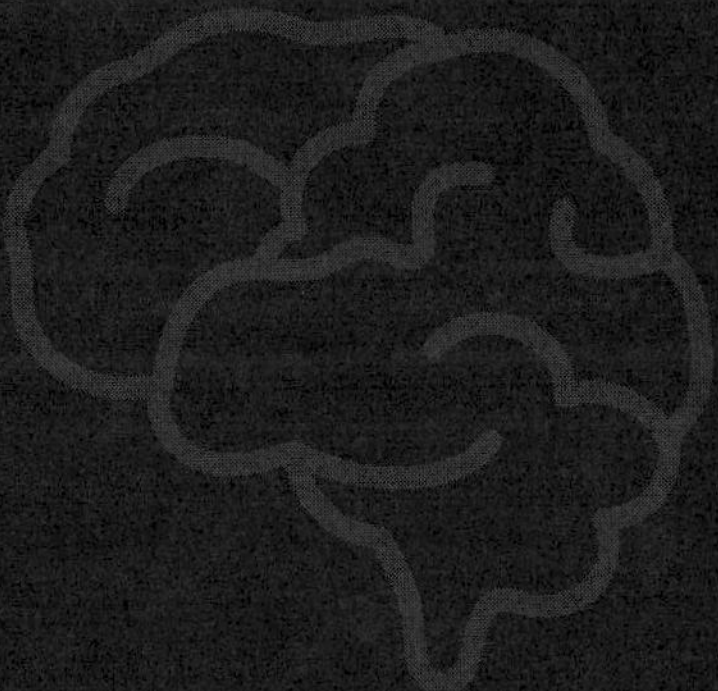

Chapter1

記憶に強い脳は、つくれる

記憶とは脳の「連係プレイ」である

冒頭でもお話ししましたが、私は医学部門で世界一のハーバードにいました。そこで何を研究していたかというと「電気生理」という分野です。

電気生理とは、脳、神経、筋肉、内臓などの電気的性質と生理機能との関係を研究する学問です……と説明すると長くなるので、とにかく「ハーバードで脳関連の研究もしていた著者」だと覚えてくださるとわかりやすいでしょう。

そんな私ですので、まずは記憶術に入る前に、記憶の源泉となる「脳」について書いていかなければなりません。

私たちが一般に「脳」と呼んでいるのは、大脳新皮質という場所です。

大脳新皮質には、しわがたくさんあり、このしわの数と複雑さで、どれだけその人の脳が利口かつ記憶の力に優れているかと判断されています。ちなみにこの部位が萎縮してしまったら認知症の症状が出てくるとされます。

◎あらゆるものを司る脳の各部位が連携する

しかしこれ以外にもたくさんの部位があります。

大脳新皮質の下には**大脳辺縁系というところがあり、ここには感情と密接な関係を持つ「扁桃体《へんとうたい》」と、記憶の中枢《ちゅうすう》と言われる「海馬《かいば》」があります。**

そしてその下には、**間脳《かんのう》と呼ばれるそれぞれの脳を中継、調節する役目の場所**があり、視床《ししょう》、視床下部、下垂体がこれに当たります。

さらにその下には**脳幹と言われるところがあり、生命を維持していくために大切な機能がここにあります。**たとえば、呼吸や覚醒の中枢がここにあります。上から中脳、橋《きょう》、延髄《えんずい》と呼ばれています。この部位には「脳神経」と呼ばれる末梢《まっしょう》神経が走っており、それぞれが嗅覚、視覚、顔まわりの筋肉、聴覚、内臓、舌の運動などの感覚情報を伝えるのに関与しています。

そして**後部には小脳という脳があり、運動バランスや筋の緊張などに働く機能があります。**たとえば遊びの能力を発揮するのが小脳です。

私たちは、無意識に脳をうまく使って連携させています。

つまり、大脳新皮質で統合された五感情報（視覚、聴覚、触覚、味覚、嗅覚）、運動覚、言語、イメージ、感情を司《つかさど》る大脳辺縁系、ストレスや疲労を察知する間脳系、遊び心を育てる小脳系、生命力と免疫力の機能を拡大する脳幹系、**それぞれの脳システムが協力、連携して、記憶の対象としてインプットしていくことで、記憶の想起力は抜群によくなるということです。**

まとめると、おもに大脳新皮質は意識や五感に関連します。

大脳辺縁系は記憶や感情に関連します。

視床をはじめとした間脳は、情報の分配や脳の疲労の感知に関与します。

脳の構造

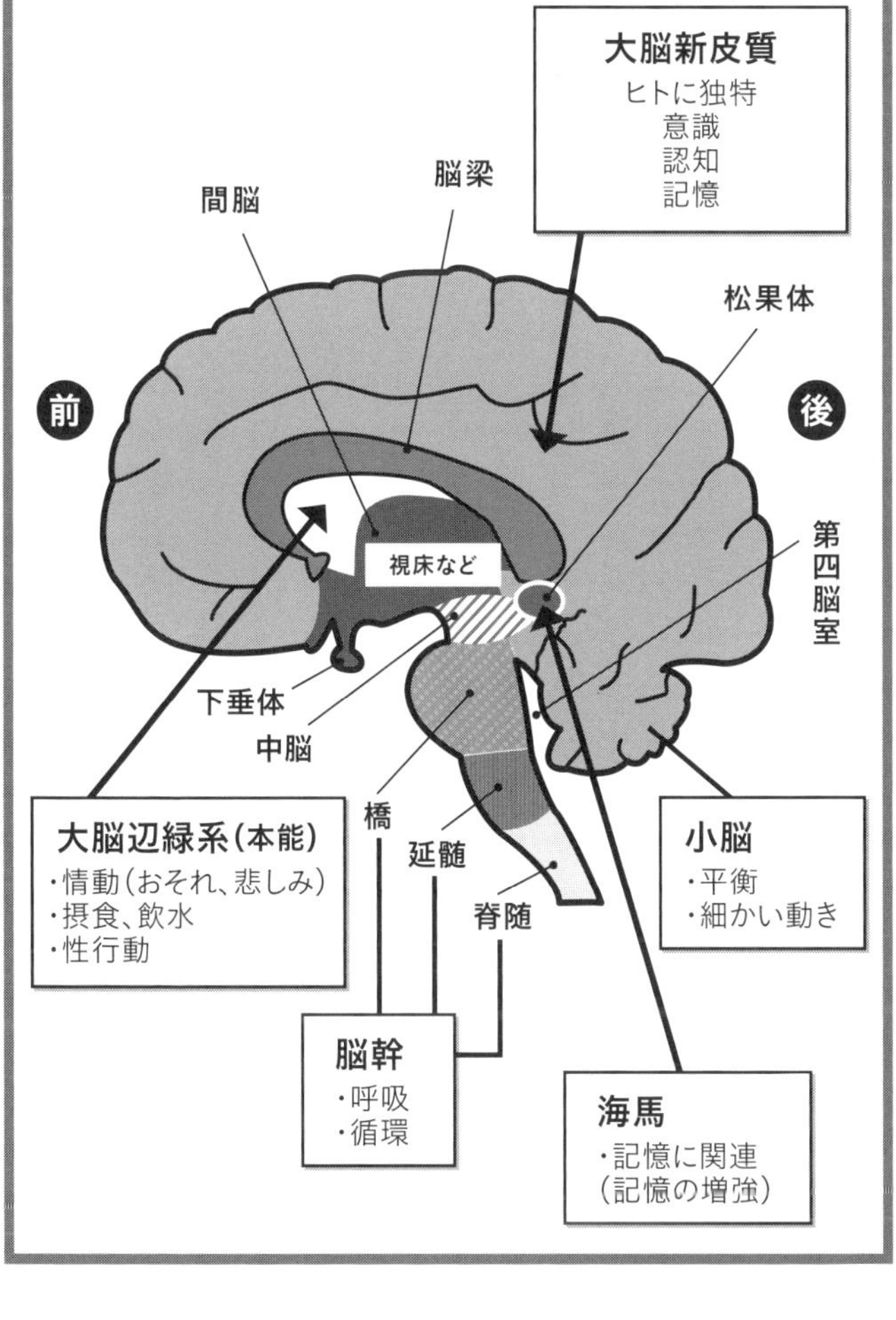
大脳新皮質
ヒトに独特
意識
認知
記憶
脳梁
間脳
松果体
前
後
視床など
第四脳室
下垂体
中脳
橋
延髄
脊随
大脳辺縁系(本能)
・情動(おそれ、悲しみ)
・摂食、飲水
・性行動
小脳
・平衡
・細かい動き
脳幹
・呼吸
・循環
海馬
・記憶に関連
(記憶の増強)

脳幹は、脳のホルモンの調節に関連したり、呼吸などの生命維持にも関与します。小脳は運動の連携や技の習得に作用します。

それぞれのシステムが私たちの記憶を育てていくうえで、とても重要な役割を担《にな》っているのです。

脳幹機能が働くことによって身体は健康になり、大脳新皮質が働くと思い込みのない自由な発想で精神が保たれます。そして、大脳辺縁系がＭＡＸに機能すると感情が安定します。

この三者の充実により、記憶の状態も最高の域に達します。

こんなふうに、脳の連係プレイによって、私たちの記憶のパワーは拡大、維持されているということを、最初の段階で知っておいていただく必要があります。大脳新皮質のワンマンプレイではないのです。

記憶のために「脳内環境」をベストな状態に持っていく

記憶するためには「脳内環境」を最適な状態に持っていくのが理想です。

ここで「脳内環境」と呼んでいるのは、大脳新皮質の環境のみではなく、先に挙げたすべての脳の細胞内の、細胞内器官や細胞膜の状態、そして細胞の内外を流れる細胞液の状態、量などを指しています。

ひと言で脳内環境と言っても、そこには2つの要素があります。

1つめは細胞レベルでの環境です。

〝個の細胞が効率よく働くことが、脳のパフォーマンスを高めるための前提条件〟になります。酸素や電解質（プラスイオン・マイナスイオンのバランス）、栄養分などの十分な補給が、機能を高めるために重要です。

個の細胞の状態がいいと、もちろん全体としても良好な結果に結びつきます。たとえば細胞の温度、pＨ（酸性度・アルカリ性度）、細胞内外の浸透圧（細胞の内と外の塩分濃度の差）や、細胞の関所となっている受容体などによって、あらゆる刺激に対する感受性が異なってきます。

いくら情報という刺激を脳内に取り込んでも反応しないのでは、いつまでたっても記憶されずに、素通りしてしまいます。

2つめは組織レベルでの環境です。

これは同じ性質を持つ細胞の集団。つまり〝組織単位での環境〟を指します。

たとえると細胞は個人、組織は家族、さらに大きい大脳新皮質、臓器などの器官は社会（会社）と言うことができます。

この局在部位の血管での血液の流れがよくないと、その部位に達する栄養、酸素が十分とはならずに、記憶のパフォーマンスにも影響を及ぼしてしまいます。

個の細胞としての働きがもちろん重要なのですが、組織という同じ機能をする細胞同士の連携も記憶には大切です。細胞同士のチームワークが重要だということです。

私たちが生活するところ、働く場所、仕事の業種、関わる人たち、住居環境によって生活の質が変わってくるように、脳内環境の違いによってもパフォーマンスに影響が出てくるのは、なんとなく実感できるのではないでしょうか。


まず脳内環境を良好にすることが、記憶術の〝キモ〟になります。


たとえば、脳の細胞が栄養不良の状態では、たくさんの情報交換がスムーズにできないばかりか、いくら入力をしても情報が脳まで届かないということにもなってしまいます。そんな状態ではいつまでたっても記憶されません。

脳のなかにある細胞同士がいつでも「準備ＯＫ」の段階、とくに**記憶を司る「海馬」のすべての細胞が最高の状態である必要があります。**具体的には細胞膜がツルッルで細胞内がみずみずしい状態にあることです。このような状態だと情報の感受性が高く、敏感に反応し、記憶が入力されてきても、すぐに脳内メモリにインプットされやすくなります。

◎「心地よいストレス」が脳内環境を整える

では、具体的にどのような状態が、脳内環境がベストに近いと言えるのでしょうか？　たとえばまったくストレスがないという状態よりも、ほどよいストレスがあるほうがいい環境と言えます。

「ほどよいストレス」というのは、

・心から望む目標がある
・心地よい人間関係を築いている
・感動している
・地球に貢献するプロジェクトに携わっている

・新しいことを体験している
・日々ワクワクしている
・自分に正直にありのままを生きている
・身体を動かしてバイタリティに富んでいる
……などがあります。

こんなときの脳の細胞環境が良好なのは想像できるでしょう。

この本は記憶にフォーカスを当てていますが、まずはこのように、私たちの生き方で記憶の能力は変わってくるのを意識してください。

記憶力を向上させようと考えているのであれば、あなたの人生の意図を再度見つめ直して、毎日をその意図に沿って選択、行動していくことが記憶力の向上となる近道だと確信できます。

いろいろなことに興味を持ち、関心ができて自然と研究するようになることで、記憶の力はどんどん鍛えられていくことにもなるのです。

「頭《ず》寒《かん》足《そく》熱《ねつ》がいい」は本当か

記憶するときの環境で、深い記憶に落とし込めるかどうかが決まってきます。

深い記憶とは、忘れにくく長期記憶にインプットされた状態です。

一口に「環境」と言っても3つに区別されます。

「身体のなかの環境」「身体の外の環境」「脳の環境」の3つです。

◎記憶に適した「環境」とは

この3つの環境が整うと、記憶のパフォーマンスもよくなります。

たとえば人やモノでゴミゴミしたところで記憶するのと、整理整頓されたところで記憶するのとではまったく違ってきます。

勉強しているところから手に届く場所に欲しいモノ（ペンや消しゴムなど）があるのと、常に探しモノをしながら記憶するのでは、まったく違う結果が出てきます。

動き回るということは、身体全体を使って記憶するというテクニックの一つですが、探しモノが見つからないというストレスで記憶する力も衰《おとろ》えてしまうことがあります。

逆に、花などの自然がデスクのそばに置いてあるだけで、脳の潜在的《せんざいてき》なパフォーマンスが向上し、記憶の定着に役立ちます。

また室内温度についても記憶と密接に関わってきます。

暑すぎると記憶力は発揮しにくく、少し寒いくらいの温度が記憶力のパワーアップにつながるということも知られています。「頭寒足熱」という言葉があるように脳は熱に弱いということです。これは疲労にも当てはまります。疲労した状態は脳に熱がこもっているので、記憶には適しません。

「脳内ホルモン」を効果的に使う

記憶をする前準備として知っておくべき、有効なホルモンが「ドーパミン」です。ドーパミンは「やる気ホルモン」と言われることから、集中力を必要とする記憶に不可欠なホルモンです。たとえば、試験勉強や締め切りに迫られている状況などの場合です。

こういうときに、**ドーパミンが出ることにより、記銘《きめい》（情報を覚え込むこと・細胞に植え込むこと）という、入力系の脳コミュニケーションがスムーズになります。**

科学的に説明すると、記憶へ影響を及ぼす脳の部位である海馬の、細胞同士のシナプス（神経細胞と他神経細胞あるいは神経細胞とグリア細胞間に形成される、シグナル伝達などの神経活動に関わる接合部位と、その構造のこと）伝導が活発になり、そのシナプスの固着度も高まっていくということです。複雑な言い方をしましたが、要は**シナプスの活動が活発になると、記憶にいい影響を及ぼす**と覚えてください。

◎5分でできるドーパミンエクササイズ

ちなみに、ドーパミンを簡単に脳内に放出させるエクササイズとしては、次のようなものがあります。

・いつもと違うことをする
・小さな目標を達成する
・髪をバッサリ切る
・チョコレートを食べる

・運動や筋トレをする
・好きな音楽を聴く
・整理整頓をする
・チロシンが豊富な食品を摂取する（納豆、りんご、バナナ、コーヒー、チーズなど）

これらをもとに、あなたも記憶をする前に、5分くらいでできそうなドーパミン放出エクササイズをしてみてはいかがでしょうか？

たとえば、

- **お気に入りの音楽を1曲聴いてから記憶する**
- **腹筋運動をしてから記憶する**
- **ストレッチ運動を1セットしてから記憶する**
- **5分くらい身の周りの整理整頓をしてから記憶する**

ということをすると、記憶の能率も高まるわけです。

ここでのポイントとしては、準備のエクササイズは長くても5分以内にするということです。準備で30分も時間を使ってしまうと疲労してしまって、モチベーションが下がることにもなります。

記憶の維持には、セロトニンやオキシトシンという「幸せホルモン」と呼ばれるものが必要になってきます。脳が元気な状態で幸せを感じていると、記憶の維持、保存もよくなるわけです

ちなみに、この脳内ホルモンはさまざまな種類がありますが、詳細はChapter3に書いていきます。

脳に〝キレ〟を出す方法

「作業記憶」という言葉を聞いたことがありますか？　その名の通り、何かの作業をしているときに使用している一時的な記憶機能のことです。**「ワーキングメモリ」**とも言われます。

記憶や情報を一時的に脳にメモして、何らかの操作をおこなうための記憶という意味もあることから、「感覚記憶」「超短期記憶」とも呼ばれています。

わかりやすく言うと、脳のメモ帳、付箋という感じでしょうか。

たとえば、お風呂にお湯をためながら、キッチンで炒め物をして、かかってきた電話に応対しながらもメールの返事をして、テレビの音や映像にも目が行く……なんてこと、ありませんか？

結果としては、風呂のお湯が溢れてしまってから気づく、炒め物が焦げついて煙が出始めて気がつく……という苦い経験をした方もいるでしょう。

何かを取りにリビングルームに行っている途中に、お父さんに「○○を持ってきてくれ」と頼まれ、持って行ったあとにリビングに行き着くと、何を取りに来たのかすっかり忘れてしまって思い出せない。そんな経験ありませんか？

これはワーキングメモリが限界をきたしていることが原因です。

ワーキングメモリには容量があり、3～7個が限界容量だと言われています。

つまり脳で一度に考えることは、3～7個が限界だということです。一般に妥当と言われる数としては、3個と言われています。

たとえば連続した数があるとします。

「179487937293782」という長い15桁の数。

これを一度に覚えようとしても無理があります。

でも、どうしても覚えなければいけないこともあると思います。

そういうときは5つずつに分けるのがコツです。つまり、

「17948」「79372」「93782」

このように分けることで、脳に定着するのです。そして、語呂合わせをつくると、なおいいです。たとえば「稲苦世は」「泣く皆に」「草縄に」というような具合です。

複数のタスクを同時に進行するときなどは、ワーキングメモリの腕の見せどころとなります。

マルチタスクが得意な人は、ワーキングメモリの能力が高いとも言えるでしょう。

ワーキングメモリの担当分野は大脳新皮質の前頭前野や、大脳辺縁系の帯状回と関連しています。この前頭前野は、人の脳でもっともよく発達している場所です。そしてここが人らしい、思考や創造性を担う最高中枢として知られています。

このワーキングメモリ能力が衰えてくると、脳の瞬発力が落ちてしまいます。いくつものタスクを同時にこなすのが苦痛になってきます。

◎ワーキングメモリを鍛える

では、このワーキングメモリの能力、高めることは可能なのでしょうか？

鍛えることはできます。これを習慣にすれば、ワーキングメモリのプロフェッショナルとなり、頭の〝キレる〟人になれるわけです。簡単な方法として、

① 短い記事を読んで、印象に残ったキーワードを5〜10個挙げる
② 歌詞を覚えて歌詞を見ないで歌えるようにする
③ マルチタスクの作業に取り組む

という方法が効果的です。
さらに、このワーキングメモリを鍛えるのに最も効果的な方法は何でしょうか？
それは**「有酸素運動＋語学＋一人旅」**です。
有酸素運動は、サイクリングやジョギングがいいでしょう。
運動をすることで脳のニューロンの成長が促《うなが》され、前頭葉や短期記憶に関係する

海馬の成長が促されることが研究によって明らかになっています。

それも、**コースは毎回同じコースを走るのではなく、毎回変えてバラエティに富んだコースでトレーニングするのがコツ**です。すると、いろいろなことに注意を向け、マルチタスクが自然と誘導されていきます。感覚を常にフレッシュにして敏感にいきましょう。

語学のトレーニングは、脳のなかのさまざまな思考回路を活発にします。ここで取り入れていただきたいのが〝シャドウイング〟と呼ばれる音読と単語の記憶です（語学については、Ｌａｓｔ ｃｈａｐｔｅｒでお伝えします）。

有酸素運動による脳の体力と、語学による会話力がついたら、次は現地に一人旅をしてみてください。一人旅には準備段階から常にマルチタスクが要求されることからも、ワーキングメモリ能力のトレーニングに最適となります。一人旅が楽しくできるようになったら、あなたのワーキングメモリ能力は倍増間違いなしです。

これらのワーキングメモリトレーニング、ぜひやってみてください。ワーキングメモリの充実はあなたに自信と活力、さらには落ち着きをもたらします。

「左脳型」と「右脳型」は、どちらがいい？

ご存じのとおり、脳には大きく分けて左脳と右脳があります。それぞれの役割によって作用が違うことが知られています。

左脳はおもに話したり書いたりする言語力、論理的に考える力、計算力、分析力などに長《た》けていて、理性的な人格形成に役立ちます。

右脳は直感力、図形力、空間認知力などのイメージ、芸術的な面で物事を直感的に捉える動物的な脳と言われています。

そして、その左脳と右脳をつなぐのが「脳梁《のうりょう》」という神経線維の束です。

効果的な脳の使い方として言われているのは、右脳でインプットをして、アウトプットを左脳でするというものです。

よく「左脳型のほうがいい」「いや、じつは右脳型の人のほうが優秀だ」といった議論がなされます。

しかし、どちらがいいというわけではなくて、あくまでも全脳型の脳（左脳・右脳両方バランスよく）が記憶力を高めるうえでも最適です。

◎あなたの脳のタイプを診断する32の質問

ここで、あなたの脳のタイプを5つに分けてみましょう。

次の自己診断テストをやってみてください。

5つのタイプは「左脳型」「右脳型」「大脳辺縁系型」「小脳型」「全脳型」に分けたいと思います。

診断テスト

32の質問により脳のタイプを5つのタイプに分ける

以下の32の質問の、当てはまるものにチェックを入れてみてください

A

- □ 理論的に説明されたほうが頭に入る
- □ おしゃべり好きである
- □ 分析型である
- □ 数字が得意である
- □ 几帳面なほうだ
- □ 右利きである

B

- □ どちらかと言うと理論より感覚を大事にする
- □ ビジュアルに対するこだわりが強い
- □ ぼーっとしていることが多い
- □ 本音で語るタイプである
- □ 芸術鑑賞が好き
- □ アナログ派である
- □ 左利きである

C

- □ 映画を見るのが好き
- □ 喜怒哀楽は激しいほうである
- □ 直感に頼ることが多い
- □ よく人に共感する
- □ 匂いには敏感である
- □ 涙もろいほうである

次ページへ

D

- □ 遊び心満載である
- □ 運動神経はいいほうである
- □ 平衡バランスはいいほうだ
- □ マルチ外国語が話せる
- □ 動きは機敏
- □ 器用な人とよく言われる

E

- □ 友人は多いほうだ
- □ 推理小説が好き
- □ 楽器が弾ける
- □ 楽観的なほうである
- □ 自然を歩くのが好き
- □ 失敗にこだわらない
- □ 臨機応変にフレキシブルに行動できる

A の項目にもっとも多くチェックがついたあなた	➡ 左脳型
B の項目にもっとも多くチェックがついたあなた	➡ 右脳型
C の項目にもっとも多くチェックがついたあなた	➡ 大脳辺縁系型
D の項目にもっとも多くチェックがついたあなた	➡ 小脳型
E の項目にもっとも多くチェックがついたあなた	➡ 全脳型

いかがだったでしょうか？

32の質問に答えてみて、もっとも当てはまる数が多かった項目が、あなたの脳のタイプに近いということです。

ちなみに、それぞれのタイプを簡単にご説明すると、

「左脳型」の人は、言語力、論理的に考える力、計算力、分析力に優れています。

「右脳型」の人は、直感力、図形力、空間認知力に優れています。

「大脳辺縁系型」の人は、感情豊かで、思いやりを持っています。

「小脳型」は、スポーツ万能で反射神経、瞬発力に優れています。

「全脳型」の人は、「右脳型」「左脳型」「大脳辺縁系型」「小脳型」の能力をバランスよく持ったタイプです。


さて、自分の脳のタイプが把握できたところで、先へ進んでいきましょう。

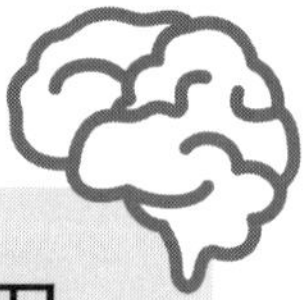

男性と女性は脳が違う

男性と女性で、脳の使い方に差があるという研究がされています。

たとえばコミュニケーションにおいても、男性はおもに大脳新皮質、女性は大脳辺縁系という、まったく違うところを使っているのです。

大脳新皮質の左脳はさまざまな思考、とくに論理的な思考に関わったり、いろいろな感覚を司るところ、言語理解に関わるところです。

すなわち、男性の話は論理的思考に基づくのが基本ラインであり、「話には必ず結論を」という目的を持っている大脳新皮質左脳優位型の行動パターンです。

一方で女性の行動パターンは大脳辺縁系優位なので、感情に基づき、共感性を持つのが特徴です。そしてこの共感という感情は、左脳と右脳をつないでいる脳梁という部分を活性化します。つまり右脳でイメージしたことを左脳で言語化することによって、他人に共感することができるわけです。

簡単にまとめると、男性脳は結果ありき、つまり未来のためにいまをがんばって生きている。女性脳はいまが大事、いまを生きているというわけです。

そういう点で、記憶の仕方にも違いがあります。

記憶の中枢は海馬で、大脳辺縁系に位置しています。

女性脳は、共感することによって、大脳辺縁系のみならず左脳と右脳を使い、脳同士の連携プレイも取れています。

一方、男性脳は論理的思考で、大脳新皮質のなかでも左脳寄りの偏《かたよ》った脳の使い方になってしまいます。

この男女の行動パターンと脳の使い方の違いは、狩猟をしていた時代に遡《さかのぼ》るそうです。

男性は狩りの際、もっとも効率的に獲物を捉えることが優先となるため、必然的に左脳優先の脳の使い方になっていきました。

逆に女性は獣《けもの》や敵にいつ襲われるかわからないため、常に周囲と会話を頻繁にして、お互いの存在を確認し合うのが優先になります。団結する共感脳が必須になってくるのが自然です。

◎男性と女性で、記憶の仕方にはコツがある

脳の観点から見ると、男女それぞれに、ベストな記憶の仕方というものはあります。

女性にとっては、仲間や友達と一緒に勉強して記憶するというのがベストです。

逆に男性にとっては、独りでノートに書いて、原理原則を整理したあと、呟《つぶや》きながら理解するのが一番の記憶術です。

しかし、この男性脳、女性脳にも最近は例外が出てきました。

それも、男性＝狩猟生活、女性＝家事というのは現代では変わってきて、女性でも

バリバリの狩猟生活（＝仕事）をされている方がいたり、男性でも家事（＝主夫など）をされている方がいたりと、社会の在りようが変化したためです。

あなたの脳は男性脳ですか？

それとも女性脳ですか？

記憶力を伸ばすコツとして、男性脳を持っている方には「目標・ゴールをつくる」というのをおすすめします。できるだけ、こまめに目標を設定することで継続することができます。

女性脳は「ご褒美を設定する」のがとても重要です。

勉強できた自分にケーキをプレゼント、などがわかりやすいかもしれません。ご褒美を設定することにより、感情をニュートラルな状態にさせます。

女性は、感情の安定が継続していくことの鍵になります。なので、いかに気分よく保つかにポイントを置きます。ご褒美は結果のいかんにかかわらず、よくやった、なんて自分は素晴らしいんだ、と感じさせるので継続に効果があります。

ちなみに、男性脳、女性脳をバランスよく使っていただけるような、とっておきの方法があります。

それは「片鼻呼吸」です。

研究者、D・ワーンツらは、左右の鼻呼吸が大脳半球の優位性に、影響することを発見しました（Werntz et al. 1981）。

このことから、もし男性脳をパワーアップさせたいのであれば、左の鼻を指でおさえ、右の鼻だけで呼吸することが有効です。

逆に女性脳のパワーアップを図りたい方は、右の鼻を指でおさえ左の鼻だけで深く呼吸してみてください。必ずしも男性だから男性脳をさらにパワーアップというわけではないということを知っておいてください。目的は右脳、左脳のバランスが整った脳全体を効率的に使っていくことです。

それぞれ、片鼻呼吸を毎日2分間するだけで効果がありますので、ぜひとも試してみてください。ペパーミントやローズマリーなどの香りを嗅ぎながら呼吸すると、さらに効果的です。

細胞の記憶「エピジェネティクス」とは？

記憶の中枢の役目を担っているのが、大脳辺縁系の海馬だと言いましたが、じつは記憶に関わるのはそこだけではありません。

なんと、細胞個体にも記憶を担う機能があります。

それも、2つの種類の記憶が細胞には存在しているのです。

1つめは、細胞の核のなかにある「DNA遺伝子」。

2つめは、細胞膜に存在する「タンパク質」と「ペプチド」です。

「細胞に記憶がある」というのを示している例が移植です。

こういう話を聞いたことがありませんか？

心臓移植を受けた人が、手術前は決してなかったビールへの欲求が出てきて、以前はワイン派だったのに、ビールばかり飲んでお腹がどんどん出てきてしまった、というような話です。

この原因は、「ドナーがビール好きだったことによる」という解釈です。

ほかに献血でも、一時的ですが同様のことが起こることが示唆《しさ》されています。

細胞の記憶を示すのにもっとも的を射ているものがあります。

それが**「エピジェネティクス」**です。

簡単に言うと「ＤＮＡ配列は一切変えずに起こる、身体のなかの記憶の変化」です。

ＤＮＡ以外にも世代を経て伝わるものが、エピジェネティクスです。

どういうことかと言うと、**環境因子が遺伝的に伝わる**ということです。

ご理解いただくために、これを実験で示したものがあります。

「線虫《せんちゅう》」という虫を使った実験です。

◎驚異!「線虫」の実験

この線虫は、遺伝子の情報がすべて人類によって解読されています。

また全遺伝子のうち、約4割がヒトにおいても共通の働きを持った遺伝子であることがわかっています。

こういったことから、研究の材料としてよく使われています。

線虫は卵から幼虫を経て成虫になるまでに、約3・5日間しかかかりません。

一生が短いので、何世代にもわたる実験が可能になります。

この線虫にある仕掛けを加えて、紫外線に反応すると光るようにしました。

その線虫の輝きで活動度を定量的に観察するという実験です。

まずは線虫を2グループに分けます。

1つのグループは20度という温度、もう1つのグループは25度で育てました。

25度に置いた線虫の活動は活発になります。

反対に20度に置いた線虫の活動は低下します。

活動が活発であるか否《いな》かは、先に仕掛けた紫外線への反応でわかります。紫外線でもあまり輝かないということは、活動が低下しているということです。

そしてさらに、一度25度に置いたグループの線虫を、20度の環境に置いたらどうなったでしょう？

「それはもちろん、活動が低下するでしょう」と思われた方が多いでしょう。

しかし実際にはこのグループの線虫の活動は、高いままを維持していたのです。温度の高いところで育った、活動度の高い環境を記憶していたということです。

さらに、この実験のおもしろいところは、その性質は世代を超えて伝わっていったということです。それも**14世代も、その性質が継続していた**というから驚きです。

一度も温度の高いところの生活は体験したことがないのにもかかわらず、活動度は高く保たれていたのです。

先祖の記憶が残っていく仕組みというのは、こういうことなのです。

記憶力は科学的に育てることができる

線虫の実験を受けて、「やはり私にもともと才能がないのは先祖のせいだ、しょうがない」と感じた方に朗報です。環境によって遺伝要素を足していくことが可能です。

つまり、**いまからでもあなたの才能を獲得できるということ**です。

細胞にも、私たちと同じように神経があり、筋肉があり、呼吸器があります。では私たちでいう脳に当たるところは、どこでしょうか？　**それが「細胞膜」です。**

細胞膜には、受容体という、細胞の外と内をつなぐドアが存在しています。

この受容体が環境を通して変わっていくのです（変異）。さらに進化した細胞になることができるということです。細胞の感受性を高めるために、受容体の種類と数を増やしていくのがもっとも効果的です。

◎新しいことを体験する

ではどうすれば、受容体が活性化していくのでしょうか？

それは再三言うように、新しいことを体験する、心から好きと感じるようなことをたくさん見つけることです。これによって新しい種類の受容体が形成されます。

何かに興味を持ち始めて続けていくと好きになります。好きになったものをもっと好きになるために、熟練を重ねて匠になっていきます。匠になると、その細胞の受容体の数は最大化し、あらゆる反応にも対応することを可能にします。

このようにして細胞の記憶は私たちの細胞で育ち、その記憶は子孫に反映され、子孫に豊かさをもたらすのです。

Chapter2

ハーバードで学んだ最高の記憶術

脳の制限を解くことが、記憶力アップの前提条件

この章では、まずは**「脳の制限を解くことの大切さ」**をお伝えしたいと思います。

誰しも、脳が形づくっている常識があります。そこから私たちの「思い込み」「観念」「信念」「コンセプト」などが植えつけられます。

つまり、私たちは個々が「脳の教科書」を持っていて、それにしたがって生きているわけです。

私たちが日常のなかで選択や決断をするときに、この脳の常識から外れるようなことが困難になってきます。年齢を重ねるにつれ、さまざまな知識がインプットされ、

あたかも脳がスマートになったような錯覚に陥《おちい》った気がします。しかし、じつは「思い込み」が増加していることが、かえって弊害ともなりかねません。変わりたくても変われない理由がそこにあります。

記憶力をアップするには、このすべての「思い込み」や「観念」や「信念」を取り払っていくことが先決となります。

「これは自分の思い込みではないか？」ということを、毎回の選択のときに意識的に自分に問いただしていき、常に思い込みのない状態で決断するのが重要です。

ちなみに、私たちの思い込みのもとになっているのは何でしょうか？

それは失敗や挫折、悲しかった体験、思い出したくない体験、恐怖の体験などからくる、ネガティブな記憶です。そして、その記憶を二度と経験しないために必要な知識や考えが、思い込みとなっていくのです。忘れ去りたい記憶なのですが、これが意外と根強く残っています。

ただ、二度と経験したくないと思って、思い込みに基づきあらゆる決断を下していれば、過去のネガティブな体験は二度と起こらないのかというと、これがまったく逆です。どちらかというと、二度と経験したくないと思ったことが、何度も起こってしまいます。

これは、脳が潜在的に記憶したことを、「ミラーニューロン」と呼ばれるモノマネ細胞が模倣しようとするためです。

その思い込みに取りつかれているばかりに、なかなかネガティブなループから逃れられない状況に陥ってしまうのです。いつも同じパターンの結果が、いつの間にか繰り返されてしまいます。

そこで解決策です。

記憶を**「リフレーミング」**というテクニックを使って書き換えるのです。

◎記憶を変えるリフレーミング

リフレーミングとは、出来事の意味を変えるために、その人が持っている枠組み（フレーム）を再構築することです。

同じことを体験していても、人それぞれの価値観という枠組み（フレーム）で判断するので、ある人にとってはいい出来事でも、別の人にとっては最悪の出来事にもなります。そのフレームを取り換えて、別の視点から見るようにするのが「リフレーミング」という技法です。

たとえば、コップに入った半分の水を「もう半分しかない」と捉えるか「まだ半分ある」と捉えるかということです。

あなたは「まだ半分ある」と捉えてください。悔やみ続けるよりも、そのことによって「自分の成長に役に立った」ということにフォーカスしてみると、あなたの思い込みは一転、光を浴び始めます。

ネガティブな記憶を「その体験があって本当によかった」と思えるような体験に書き換えることで、あなたの思い込みや観念や信念に変化が起こってきます。

過去の記憶や事実は変えられませんが、その瞬間の記憶に戻って、その事実に対する考え方は変えられます。それも24時間いつでも書き換えは可能です。

ネガティブに思っていたことを喜び、感謝に変えていくことによって、あなたの過去の記憶は書き換えられ、思い込み細胞は幸せ細胞へと変容していきます。すると、不思議とネガティブなループから解放されていきます。

何か選択を迫られるごとに思い込みを取り払って決断しましょう。

もし二択だったら、いつもの逆の選択をしてみることもいいのかもしれません。

さらに、もうひとつ大事なのは、童心《どうしん》に返ってみるということです。

私たちは大人になって、脳は知識で埋め尽くされ、賢くなっていると感じます。

しかし、じつはたくさんの選択パターンに囲まれた、狭き世界を歩かされているような状況に陥っています。いま一度、童心に返ってみたとき、どう選択するのだろうとイメージしたうえで選択してみるといいでしょう。

これらのことが「脳の制限を解く」ということなのです。

脳は忘れるようにできている

記憶につきものなのが「忘れる」ことです。

この忘れる時間の相関関係を記した、とても有名な実験があります。

それを「エビングハウスの忘却曲線」と言います。

ドイツの心理学者であるヘルマン・エビングハウス氏は、まったく意味のない3つのアルファベットの羅列をたくさん覚えさせて、その記憶をどれくらいの時間で忘れていくかを調べました。

その結果、学習後、20分後に42％、1時間後に56％、1日後に74％、1週間後に77

%、1ヵ月後に79%を忘れてしまうという結果が出ました。

つまり、1時間後には半分以上が忘れ去られているということです。なので、せっかく記憶したとしても、復習の機会なしでは、どんどん忘れ去られてしまいます。

では忘れないようにするのに重要なことはなんでしょうか？

その答えはいたってシンプルです。

反復することです。

それも、可能な感覚すべてを総動員して反復することが大切になっていきます。

忘れることは、決していけないことではありません。忘れるべくして忘れる。忘れるから記憶ができる。忘れたものを塗り替えて新しい記憶にして、あなたらしい個性のある人生のストーリーができる、と考えましょう。

だから忘れる自分を温かく見守ってください。

記憶に執着せずに、新しいストーリーにワクワクしてみてください。

エビングハウスの忘却曲線

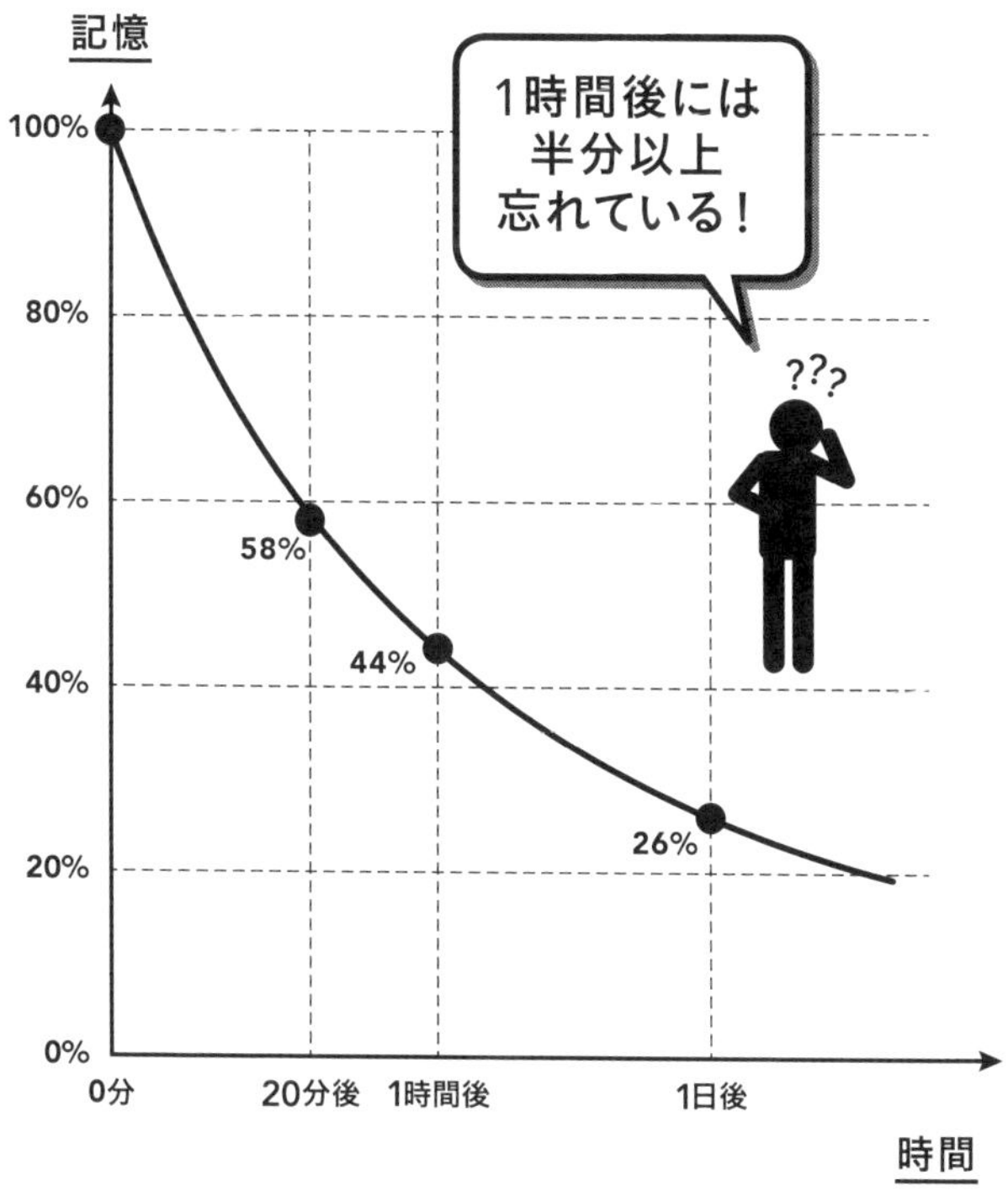

◎「エビングハウスの忘却曲線」に逆《さか》らって記憶していく

できるだけ少ない復習回数と時間で、記憶を維持させる方法があります。

エビングハウスの忘却曲線に逆らうように、記憶に定着させていく手法です。

① 記憶したいことを当日の寝る前にＡ４用紙１枚にまとめる（体裁《ていさい》は問わない）
↓15～30分間

② 記憶した翌日の起きた直後に、①でまとめたものを見なおす↓15分間

③ 記憶して３日目の寝る前に、①でまとめたものを見なおす↓10分間

④ 記憶して５日目の寝る前に、再度Ａ４用紙にまとめる。なかなか覚えきれないところは大きく書いたり色をつける↓10分間

⑤ 記憶して７日目の寝る前に、④でまとめたものを見なおす↓３分間

⑥ 記憶して１ヵ月後の寝る前に、①でまとめたものを見なおす↓２分間

記憶の定着へと大いに役立ちますので、ぜひやってみてください。

なぜアジアの国はＩＱが高いのか？

記憶力を定量化するのに使われるのが、あなたもよくご存じの「ＩＱ」です。

ＩＱには大きく二つの要素があり、情報やスキル、経験など脳に蓄えられた知識を活用する能力である「結晶性知能」と、パターンの認識、新たな問題解決などの創造力、認知力、洞察力を活用する能力の「流動性知能」とに分けられます。

国別にＩＱの高い国をまとめると、次のようになります。

1位　香港　107（ＩＱの平均数値）

2位　韓国　106
3位　日本　105
4位　台湾　104
5位　シンガポール　103
6位　オランダ　102（6位は同率で4ヵ国）
6位　イタリア　102
6位　ドイツ　102
6位　オーストリア　102
10位　スウェーデン　101
（参照：スタティスティック・ブレイン統計調査）

この順位を見ていくと、教育が記憶力にどう作用しているかがイメージできます。
上位国の教育は「詰め込み式教育」が主流となっています。つまり結晶性知能のトレーニングを主にやっていく教育です。

このタイプの教育は、ＩＱが高くなるとともに、ストレスも過大になってくる傾向にあります。反対に流動性知能の開花にはあまり目が向けられていません。

それに対応する処置がなされる必要がありますが、依然、ストレスに関してはあまり対応がされていないのが実情のようです。

◎全脳型の子どもを育てていく

なぜアジアの国はＩＱが高いのでしょうか？

この上位５ヵ国の子どもたちに共通するのは、塾に通って勉強している点です。学校だけの勉強でなく、学校が終わっても塾で引き続き受験のための勉強をするのです。すなわち、どれだけ競争の世界に身を置いているかがここに表れてきます。

試験の点数で将来を決める教育です。

そこから素晴らしいアイデアや、クリエイティビティを出せる子どもが生まれてくるでしょうか？　個性の溢れる子どもの成長となるでしょうか？

ありきたりの決まった質問には忠実に回答できるが、答えがないような質問が出ると戸惑ってしまうような状況です。

何しろ「試験に合格する」というのが目的のカリキュラムになっているので、受験勉強のための学習は、私たちの脳の長期記憶にその足跡をあまり残してくれません。子どもたちの個性に気づかせ、それを拡大していくとは言えないのです。

これが今後の教育の課題ですし、大脳新皮質でも大脳辺縁系でもなく、全脳型の脳を育てていくために教育が再考されることを私は望んでいます。

個々の脳の能力を育てるということは、それぞれの脳らしいインプット、アウトプットの連携をアシストしてあげるということです。

それによってＩＱはもちろんのこと、生きる力である「ＥＱ」も豊かな子どもたちが育っていくのではないでしょうか。

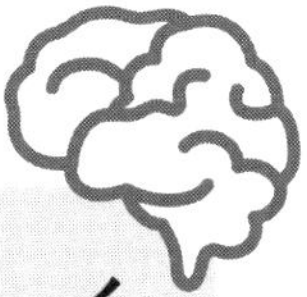

インプット→アイデア→アウトプット→インプット

記憶というと、どうしてもインプットのほうが重要視されがちです。ですが、インプットして長期記憶に持っていくためには、アウトプットを活かすのが効果的です。

インプットした情報を、脳に保存されている記憶と統合させて浮かんだものをアイデアと呼びます。このアイデアを体現できるアウトプットを探してみましょう。

アウトプットすると疑問に思ったり、わからなくなったりすることが出てくるので、また調べなおすなどして、それを記憶していきます。

インプットしたらすぐにアウトプット、アウトプットしたらまたインプットというように、**ただインプットを続けるだけでなく、身体で表現する体験として記憶しておくのです。**そしてまたインプットに戻る。そうすることで、知らず識らずのうちに、その分野で卓越《たくえつ》した存在になっていきます。こうすることで、左脳と右脳をつなぐ脳梁の束は太くなっていき、連携力は強固になっていきます。

◎先にアウトプットすることまで考えておく

このインプットとアイデアとアウトプットの過程を繰り返していくことで、その分野における興味はさらに深まり、自分らしさが出てきて楽しくなってきます。

コツとしては、インプットする前に、どうやってアウトプットするかを計画しておくと、目標ができ、記憶の効果も上がります。

読んだ本の内容などを、人に話したり、日記に書き残しておくのもいいでしょう。最近観た映画の感想を友達と話し合うのもいいでしょう。

こうやって「インプット↓アイデア↓アウトプット↓インプット」と繰り返していくのが、記憶力が向上していくコツです。

感情とともに記憶することが、長期記憶のポイント

感情を司る扁桃体と、記憶を司る海馬とは、位置的にも近くにあり、密接な関係を持っています。

つまり不安や怒り、恐怖といった感情を持ちながら記憶しても、あまりいい結果は見込めません。

そこで、このようなネガティブな感情が、あなたの頭から離れないというときにできるエクササイズがあります。

感情をニュートラルにし、記憶するのに適切な環境に整えてくれるワークです。

記憶する前の1～2分を使うだけで、絶大な記憶力アップを見込めるので試してみてください。そのエクササイズというのが**「感謝のエクササイズ」**です。

◎記憶力アップに役立つ「感謝のエクササイズ」

方法は極めてシンプルです。

感謝できることをできるだけたくさん唱《とな》えてみるのです。もし誰かそばにいたらその人に聞いてもらいます。

たとえばこんな感じです。

「朝だ。太陽に会えて、ありがとう」
「今日も元気な身体で、ありがとう」
「美味しい朝ごはんが食べられて、ありがとう」
「いつも気にかけてくれる友達に、ありがとう」

「産んでくれた両親に、ありがとう」
「この美味しい空気を与えてくれる自然に、ありがとう」
「私に意識を与えてくれた宇宙に、ありがとう」

など、とにかく思いつく感謝の気持ちを1～2分くらいの間、マシンガンのように唱えるのです。たったそれだけです。それだけなのですが、ビフォーアフターの効果の違いは抜群です。

こんな簡単なことで脳に大きな影響を与えるくらい、私たちの体験は感情をベースに記憶されていますし、感情体験で思い込みなども固着してしまうわけです。

これは**感情ベースで記憶すると、その体験が長期記憶にインプットされる**ということから説明されます。

つまりそのイベントがポジティブな感情だと、また経験してみたいと感じるようになり、無意識にそれを望むようになります。

これを利用した記憶術も知られていて、記憶したいと思う事柄に感情をつけていくとインプットがとても楽になります。

たとえば記憶したいことに関したジャンルの漫画や小説、映画を観ることで記憶がスムーズに入っていきます。漫画、小説、映画での感情が記憶のインプットを促進させているのです。

ある体験をしたら、それがどういう感情だったか、その対象（人、イベント、モノ）に対してどういう気持ちを抱いたかを明確にしておくと、長期記憶に移行しやすくなります。

「直感」と「ひらめき」を使いこなす

「直感」と「ひらめき」を使いこなすことができたら、どれだけいいでしょうか。

直感は脳の大脳基底核にある「線条体《せんじょうたい》」というところで生まれます。ここは「ワザ」を身につけるのに重要な箇所だとされています。

線条体は、ギターの弾き方、自転車の乗り方、コップの持ち方というような、「手続き記憶」と呼ばれる部分を担っています。

たとえばコップを持つ動作は、いくつもの動きが組み合わさって摑《つか》んでいます。

その間に膨大な量の緻密《ちみつ》な計算が、線条体でされています。そして、その計算は無意識におこなわれていて、なぜか結果としてコップを摑めているわけです。

このように、**理由はわからずに無意識に答えられるということで、これを「潜在記憶」とも呼びます。**この潜在記憶から生まれる直感力を鍛えるのは難しいと思われがちですが、顕在《けんざい》記憶から体験できることを何度も繰り返して身体に染み込ませれば、それがあるとき潜在記憶となって、結果的に「直感力」となります。

逆に「ひらめき」は、その答えがなぜそうなるか、その理由を説明できます。

たとえば次の質問に答えられるでしょうか？

〈問〉11・22・●・44・55　→　●に入る数字は？

多くの人が●に入る数字は「33」であるということがわかるでしょう。

理由は、小さいほうから11ずつ並んでいる、というふうに説明可能です。

このひらめきは海馬が働いて生まれてきますので「顕在記憶」と呼んでいます。

アイデアもひらめきから来るものと、直感から来るものの2通りがあります。

直感力を鍛えるには、まずは経験して何度も体感することが重要です。

◎直感力を鍛える7つのコツ

では直感力を鍛えるにはどうすればいいのでしょうか？
直感力を鍛える7つのコツをここに示します。

① 他人に合わせない
② 大好きなことをやり続ける
③ 脳をリセットすることを習慣にする（瞑想《めいそう》など↓方法は第5章で説明します）
④ 大自然に日常的に触れるようにする
⑤ 新しいことを体験する
⑥ 感動することを日常にする
⑦ チャレンジによる成功体験を積み重ねる

これらのことを意識するだけで、直感力は鍛えられていきます。

モノマネをすることで、観察力と速考力を養う

モノマネをすることで、脳は鍛えられます。そこで記憶するのにまず手っ取り早いのは、記憶したい内容の分野で、もっとも卓越した人物をメンターにすることです。そして、その方たちが持っているワザを探し当て、まねるのです。

私たちの脳細胞には、前述したように、モノマネが得意な「ミラーニューロン」という細胞が存在します。実際に自分が体験していなくても、それを見ただけでミラーニューロンが活性化して、脳があたかもそれを体験したかのように再現します。模擬体験というやつです。

いま、あなたの近くにいる5人を挙げてみてください。

その人が自分のモデルになっている、ということを知ったらどうでしょうか？ワクワクした人もいるでしょうし、どんよりした気分になってしまう人もいるかもしれません。人の悪口を言ったり、暗い話ばかりをしている人と多くの時間を過ごしていると、ミラーニューロンによって伝染され、自分に表れてしまうのです。

脳は不思議なもので、必ず目の前に現れる人を観察していて、知らず識らずのうちに、それを自分の手本にしようとしています。

その人が現れた時点で、すでにミラーニューロンは司令を受けているのです。それが、顕在意識でどんなに批判されようとも。

◎メンターからの学びがもっとも記憶に残る

意識的にメンターをつくって、その人から学んでいくというのは、脳細胞が体感して、記憶するうえで効果的と言えます。

私は、情熱に沿って人生を生きることを目的とした「パッションテスト」というツールを世界に広めている、自己啓発の大家《たいか》であるジャネット・ブレイ・アットウッド氏をスピーカーのメンターとしています。できるだけ彼女を観察して、言葉使いや言い回しをマネして、脳細胞に記憶させています。

まずはモノマネから入って、それから自分流を探していきましょう。守破離《しゅはり》のステップです。歌を歌うときも同様にまず、多くの人の歌い方を聞いて、こんなふうに歌いたいという人を探します。そして、その歌い方を完コピします。

きちっとモノマネできて初めて、味つけをするのです。

モノマネをするときは、その人になりきってやりきってみてください。発音も自分の耳で聞こえた音そのままに発声するようにします。どんな単語かどうかはあまり気にしません。たとえその人に訛《なま》りがあるとしても同じトーンで歌います。私はそうやって小学校のときに覚えた洋楽の歌詞は、いまとなっても記憶しています。

ほかの人に「どことなく○○さんに似ているね」と言われ始めたら合格です。

自分が目指す人を探してみてください。

探し当てたときから、ミラーニューロンはモノマネを始めています。

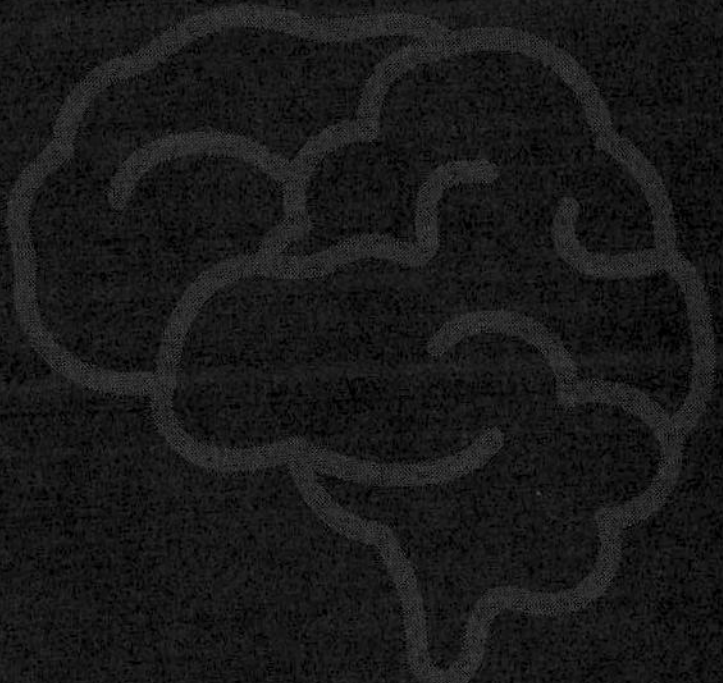

Chapter3

脳を最適化する6つのホルモンと記憶の関係

エピソード記憶と「アセチルコリン」

記憶を語るうえで欠かせないものが**「脳内ホルモン」**です。

正確には「神経伝達物質」と言いますが、簡便にここでは脳内ホルモンと記述させていただきます。

自己の価値ある幸せな未来のために必要な記憶が、正しく側頭葉で長期記憶として保存されるためには、タイミングのいい脳内ホルモンの脳内放出が効果的です。

この章では、記憶に関わるとされる脳内ホルモンについて解説していきます。

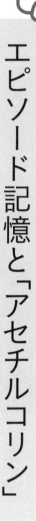

まずは「アセチルコリン」についてです。

脳内ホルモンのなかでも「アセチルコリン」はエピソード記憶に関わってきます。

エピソード記憶とは何かと言うと「体験して習得する記憶」のことで、個人的な経験や思い出のことを指します。「いつ」「どこで」「誰と」が特定される記憶のことです。

たとえば、中学生のときに体育祭で走ったことや、初めての海外旅行など、分単位でも記憶が呼び覚まされるようなものが誰しもあるでしょう。

逆に、授業で習ったことや試験勉強などは「意味記憶」と呼ばれ、感情を動かすほどの興味はほとんどないため、記憶は葬《ほうむ》られたままです。

この2つをうまく融合すると、記憶の能力も高まります。

どういうことかというと、意味記憶の内容に沿った体験をして、エピソード記憶と結びつけると、意味記憶はどんどん自由自在になり、長期に記憶されます。つまり、それまでまったく自己と関係のなかった意味記憶を、自己の体験と合わせることによって、長期記憶に持っていこうとする考え方です。

たとえば私は旅が大好きなので、その土地の史跡や遺産、歴史や食べ物について興味を持ちます。「どうして?」「どのようにして?」と、いろいろ疑問が出てきて、調べたくなります。興味が湧き上がってくるのです。意味記憶について、どんどん質問を投げかけてリサーチを繰り返していきます。

このような状態の意味記憶は、とても強力な記憶になっていきます。学校で習った歴史の勉強と比べると雲泥《うんでい》の差です。

また、いろいろな意味を日常に例えたり、いろいろな場面に当てはめてみることも記憶を長期に保つ秘訣と言えるでしょう。

エピソード記憶を基本に、それから意味記憶で肉づけをしていくという形が、一番効率的に記憶の形成ができます。

アセチルコリンと記憶の関わりですが、**学習中から海馬内のアセチルコリン分泌量が増加し、学習後にも高く維持される**ことが研究によってわかってきています(山口大学大学院医学系研究科/美津島大教授らby Nature Communications 2013)。

ちなみにアルツハイマー型の認知症ではエピソード記憶の障害が著《いちじる》しく、海馬でのアセチルコリンの濃度の減少がとくに顕著《けんちょ》であることも知られています。

また脳の外傷などダメージによるエピソード記憶の喪失は、アセチルコリンの投与により回復するという報告結果もあるように、アセチルコリンがエピソード記憶形成の引き金に重要であることが示唆されています。

◎適度な運動が「アセチルコリン」放出を促す

では体内にタイミングよくアセチルコリンを放出して、その分泌《ぶんぴつ》を活性化する方法はあるのでしょうか？

あります。

一番有効なのは、適度な運動です。

これによってアセチルコリンをシナプス部位に放出させます。

少し息が上がるくらいの軽いウォーキングなどがいいでしょう。

ちなみに脳を使い続けていると「アデノシン」という神経伝達物質が脳内に増え始めます。このアデノシンは、アセチルコリンの分泌を抑制してしまうので、脳の使いすぎには注意が必要です。

コーヒーに含まれているカフェインは、このアデノシンの産生を抑えることで知られています。適度な量のコーヒーはアデノシンを抑制して、アセチルコリンの放出を増加させ記憶に作用します。ただし、カフェインの摂りすぎは胃に負担がかかるのでくれぐれもご注意を。

また、カラオケに行くのも有効な方法です。

歌を暗唱するというトレーニングは、脳内のアセチルコリンを活性化させる効果があると言われています。カラオケではできるだけ歌を暗唱してみましょう。

チャレンジ精神を高める「テストステロン」

「テストステロン」は、おもに「身体」「心」「性」の領域に関係しています。

とくに力強さを与えてくれる男性ホルモンです。もちろん女性でも分泌されます。

またテストステロンは、やる気の素となるドーパミンを産生させる働きがあります。

テストステロンには、精神活動や老化を司る細胞小器官である、ミトコンドリアの健康を保つ作用があります。

ミトコンドリアは細胞の呼吸機能を担っている箇所です。ここでたくさんの細胞のエネルギーがつくられています。

細胞の老化を防止するのに、このミトコンドリアの働きがとても大事です。

テストステロンが足りている人は、イライラしたりすることもなく、眠れないということも少ないです。

このテストステロンが十分に働いていることで、私たちの意欲とチャレンジの気持ちが高まり、記憶力がアップする脳内環境をつくっています。

最近は、男性にも更年期が起こると頻繁に言われるようになりましたが、その男性更年期障害を起こすのは、テストステロンの減少が原因です。

男性更年期は、テストステロンの減少によって、物事の判断力や記憶力などの認知機能が低下してしまいます。

また心の領域では不安症状が出てきたりするので、モチベーションに作用することもあります。

午後3時ごろの時間帯にはテストステロンの体内量が低下しているので、モチベーション、集中力や記憶力を上げるのには効果的な時間帯とは言えません。

◎激しい運動で、テストステロンをアップ

では、テストステロンの分泌をアップするためのコツはあるのでしょうか。

一番効果的なのは短時間の激しい運動です。

汗をたっぷりかくレベルのダンスや筋力トレーニングがいいでしょう。

また、質のいい睡眠が不可欠です。

亜鉛やビタミンD、シルクアミノ酸、分岐鎖《ぶんきさ》アミノ酸、ロイシン、HMBなどのアミノ酸の摂取も、テストステロンアップに効果的です。


補足ですが、テストステロンを増やすには、できるだけ「ダイエットを心がけるのがいい」とされています。逆に太りやすいという体質の方は、テストステロンの分泌量が下がっているということも知っておいてください。

恋をする「エストロゲン」

「エストロゲン」は女性ホルモンとして知られています。テストステロンと同様に、男性でも体内でエストロゲンは分泌されています。おもしろいのは、10歳未満と50歳以上での平均エストロゲン値は、女性よりも男性のほうが高いと言われています。これは閉経期と密接な関係がある所以です。

エストロゲンは感情の豊かさをつくるホルモンでもあります。

このホルモンの効果のひとつに、**脳の血管を広げて血流量を増やすことによって、記憶や学習の能力に影響する**ことが知られています。

これを証明したマウスの実験があります。

遺伝子操作で、慢性的に脳の血流量を制限したマウスで、エストロゲンが主に分泌される卵巣を切除したメスを使います。

一般に脳の神経細胞の周囲には「グリア細胞」と呼ばれる細胞が存在しています。

グリア細胞は、神経細胞の働きをサポートしているのですが、卵巣を切除したメスのグリア細胞が膨張して、神経細胞同士のシナプスのつながりを邪魔し、記憶の障害が起こったという実験結果が報告されています。

このようなグリア細胞の膨張は、神経が障害されたときに明らかになります。

つまりこれでわかることは、男性ホルモンのみならず、女性ホルモンも記憶に関係しているということです。

ちなみに「マウスの記憶力がどうしてわかるのか」という疑問が湧いた方もいると思います。ここでは迷路を作成して、その迷路をどれくらいの時間でゴールできるかということを学習能力、記憶力という指標にしています。

◎人を好きになると、記憶力が上がる

では、どうしたらエストロゲンをアップさせることができるのでしょうか？

一番効果的なのは恋をすることです。

これは疑似《ぎじ》恋愛でＯＫです。

アイドルやスポーツ選手を応援することでも活性化され、分泌量が増えます。

エストロゲンが足りていないと思われる方は、ドキドキする恋にトライすることを意識してみてください。

また**骨盤底筋周囲の筋肉のトレーニングが効果的**と言われています（方法は次ページにて紹介）。

さらに男性ホルモンでは「ダイエットを心がける」ということでしたが、女性ホルモンにおいては、過剰なダイエットをするとエストロゲンは逆に減少してしまうので、注意が必要です。

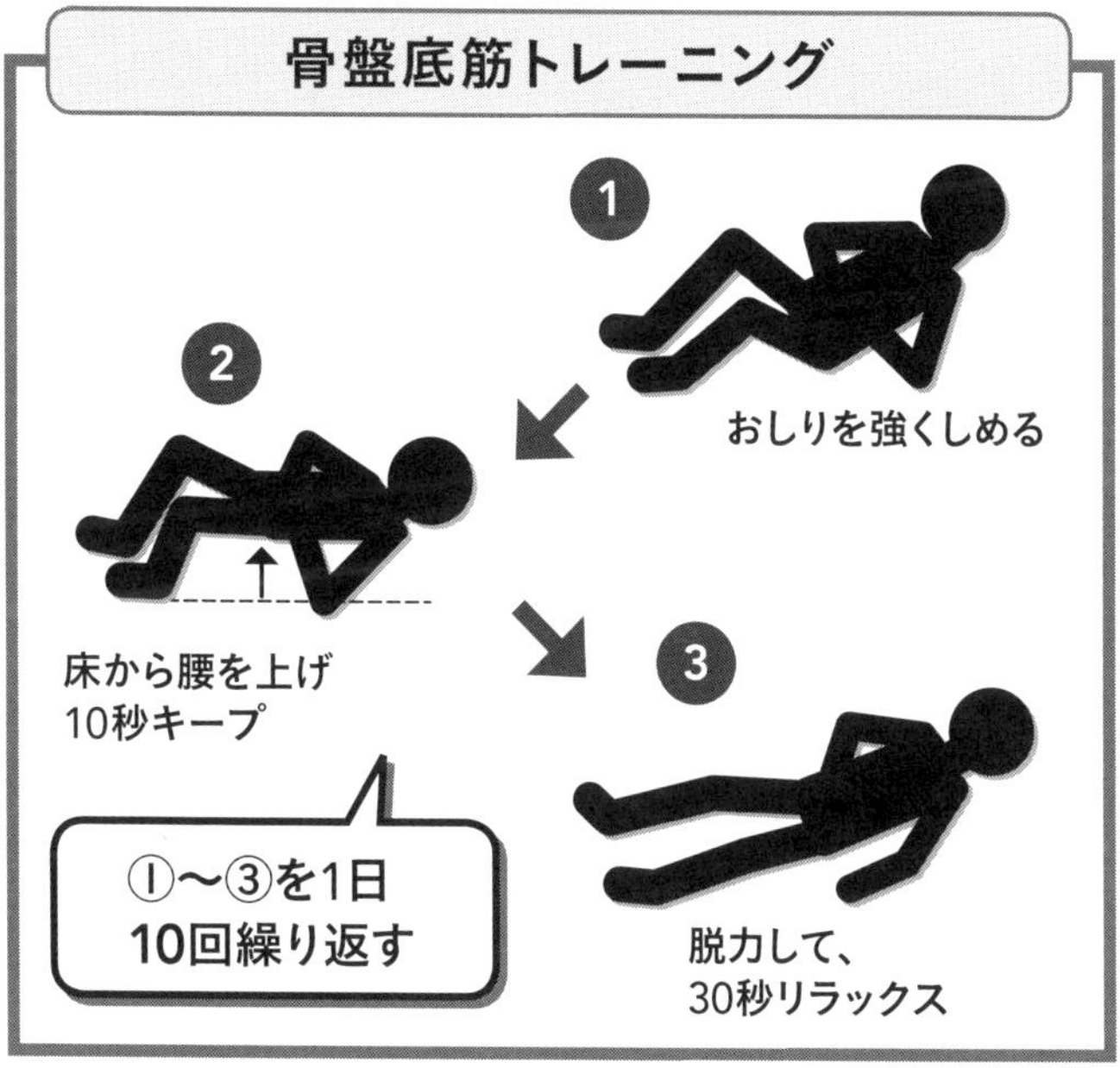
骨盤底筋トレーニング
1
おしりを強くしめる
2
床から腰を上げ
10秒キープ
3
脱力して、
30秒リラックス
①〜③を1日
10回繰り返す

【トレーニングの方法】

仰向けで横になり、両膝を軽く曲げて、足を肩幅に開きます。下腹部の上に両手を乗せ、おしりをしめるようにします。そのあと膝、腹、胸が一直線になるまでおしりを上げて、10秒間静止させます。そのとき、おしりはしめたままで呼吸をゆっくり何回かおこなったあと、おろします。そのあと30秒くらい、脱力して、身体をリラックスさせます。このサイクルを10回繰り返します。

空間記憶の「セロトニン」

「セロトニン」は、脳幹部位の中脳の縫線核《ほうせんかく》で産生されます。

精神を安定させるホルモンとして知られています。

これは気分、ムードを整えるための最重要ホルモンです。

セロトニンは一般には「夜のホルモン」と呼ばれるメラトニンと対照的に、「昼のホルモン」として知られています。

このセロトニンも記憶力の修飾に作用します。

まず、空間記憶がセロトニンの量に関わっているということです。

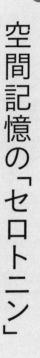

セロトニン分泌が十分な人は、土地勘に優れている傾向が強いです。

また依存症にも関連があり、セロトニンが不足してくるとアルコール中毒、たばこによるニコチン中毒、ドラッグ、ギャンブルなど、さまざまな依存症に陥りやすくなることが知られています。

さらに感情の記憶としても重要で、セロトニンの分泌で感情の偏りを調整します。感情が不安定になると注意を正しく向けるのが困難になってきて、記銘する能力に影響をもたらしてしまいます。

◎日光浴で「セロトニン」力をアップ

セロトニンの分泌をアップする方法をご紹介すると、やはり昼のホルモンなので**太陽光を浴びるというのが最重要**です。

また腹式呼吸（とくに呼気）もセロトニンアップに効果的です（方法はChapter5にて紹介）。

さらに、食事では神経伝達物質の原料となる「トリプトファン」を含む食材を摂取、セロトニン合成に必要なビタミンＢ６の摂取も有効です。

具体的には、**サーモンはトリプトファンが豊富**ですので、セロトニン食としてオススメです。

また、**セロトニンの分泌を高めるには、自然と親しむ**ことです。

自然の豊かな環境に定期的に身を置くことで、セロトニンの分泌量は爆発的に増加することになります。

集中力とやる気を高める「ドーパミン」

Chapter1でも軽く触れましたが、「ドーパミン」は重要なので、もう一度詳しくご紹介していきます。

ドーパミンは「大脳基底核」というところで産生されています。

おもに、**やる気と集中力を起こすホルモン**として知られていて、チロシンという物質から合成されます。ちなみにチロシンはカテコールアミン系の神経伝達物質の原料となり、うつ状態を改善する効果もあるとされている非必須アミノ酸の一種です。

このドーパミンの量が減ってしまうと物事への関心がうすくなったり、精神機能、運動機能の低下が起こってしまいます。代表的な疾患《しっかん》にパーキンソン病が有名です。

ドーパミンと記憶との関連は「ワーキングメモリ」に影響を及ぼしています。とくに記憶の記銘・保持に効果を持つことが知られています。

ドーパミンが海馬で放出されることによって、記憶の保持がよくなるという研究が報告されています（Nature／537,7620）。

◎「ドーパミン」を増やすには？

このドーパミン力をアップするには、とにかく**笑う機会を増やす**ことです。

笑うときのポイントは、口角です。口角を少し上げるだけでも笑い顔になります。鏡で練習してみてください。

無理やりにでも声を出して笑うことで、ドーパミンアップに効果的です。

動画サイトなどで、必ず爆笑できる映像をいくつかピックアップしておき、集中して勉強をしたいときなどは、それを見るようにしましょう。

記憶の定着に役立つ「オキシトシン」

「オキシトシン」は、以前は出産時の子宮収縮や授乳時に分泌される、女性特有のホルモンと考えられていました。

しかし最近は「絆《きずな》ホルモン」「幸せホルモン」「信頼ホルモン」とも呼ばれ、男女共通に重要なホルモンとして注目されています。

男性も、オキシトシン濃度を高く保つことが幸せになるために必要なのです。

極度のストレスの状態では、オキシトシンの分泌力は低下してしまいます。

記憶との関連では、オキシトシンが海馬に放出されると、長期増強（LTP）が高

まり、記憶の定着に効果を示すという研究結果が報告されています。

オキシトシンは間脳の視床下部で産生され、下垂体の後葉から分泌されます。

◎人とのスキンシップが「オキシトシン」を分泌させる

では、このオキシトシンを増やす方法はあるのでしょうか。

もっとも早いのは、家族や恋人と楽しく過ごし、スキンシップをはかることです。**ハグはオキシトシンをパワーアップさせる簡単な方法として知られています。目安として一日8回のハグが十分なオキシトシン放出に必要と言われています。**

飲み会もオキシトシンアップに有効と言われていますので、「オキシトシンチャージ」を理由に、飲み会に大手を振って参加してください。

また、他人に親切にする、電車で席を譲る、荷物を持つなどの行動で、オキシトシンの分泌は促進されるので試してみてください。

Chapter4

記憶力を極限まで上げる方法

記憶の3ステップにしたがう

記憶には、

①**「記銘」**
②**「維持」**
③**「想起」**

という3ステップがあります。

まず外部からの刺激となる情報を、脳内の海馬の細胞に入力する過程を「記銘」といいます。心理学ではエンコーディングとも言われます。

次のステップとして、長期記憶の情報を大脳の側頭葉に「維持」します。

そして最後のステップが「想起」と呼ばれるプロセスで、必要なときに記憶された情報が取り出され、活かされることです。


この3ステップが重要となってきます。

◎想起と回想

たとえば〝ど忘れ〟したときのことを思い出してください。

喉元まで出ているのに出てこない……とても悔しいし悩ましいです。

これが「想起できていない状態」と言えます。

しかし何かの拍子にふと想起され、それが何だったのか思い出されます。あなたの脳のなかでしっかりと保存されていて、消去されていなかったのが理由です。

じつはこれも想起の状態でfamiliarity（熟知性）と言います。

逆に、瞬時に具体的、詳細に思い出すことができることをrecollection（回想）と分類しています。

脳科学的に、記銘とはシナプスの構築（入力）、維持にはシナプスの固着、想起にはシナプス伝達の効率が関係してきます。

記銘したときのインパクトが強いほど、神経の新生が起こり、新しいシナプス同士が出会います。

そして、その回路が何度も使われるようになって、シナプスは強固になり固着し、長期記憶として維持されていきます。

さらに、その記憶をひとつのアイデアとして用いることによって、記憶と記憶が結ばれて、神経細胞同士のコミュニケーションが活発になっていきます。そうすることで、どんなときでも容易に、記憶は想起されていくのです。

長期記憶を自在にあやつる

長期記憶を分類すると「意味記憶」「エピソード記憶」「手続き記憶」「古典的条件づけ記憶」「プライミング記憶」に分けられます。

前述したものもありますが、おさらいもかねて、それぞれ説明してみましょう。

・「意味記憶」

一般に知識として意識して記憶したことで、私たちが記憶力というときは、この意味記憶を指していることが多いです。

・「エピソード記憶」

これは特定の日時、場所、人物と関連した個人的経験に関する記憶のことです。たとえば「3月の卒業式のあと、友達とカラオケに行って朝まで飲んだ」という事実や、「おとといの夕食に食べたもの」の記憶がそれに当たります。とくに前者のように、一生に一度しかない自己を形成するのに関連が強い記憶は、エピソード記憶の中でも「自伝的記憶」と呼んでいます。

・「手続き記憶」

このタイプの記憶は、たとえば自転車に乗れるようになる、楽器の演奏ができるようになる、という記憶で、いったん形成されると、手順を大して意識しないでも自然にできているというものです。何かの〝ワザ〟を習得するときに使う記憶です。

自転車に乗っている人で、ペダルをずっと凝視《ぎょうし》している人はあまり見かけません。ピアニストやギタリストの演奏を見ていると、鍵盤《けんばん》やフレットを見なくても音を奏でています。身体に染み込ませている記憶が「手続き記憶」で、小脳や大脳基底核を介した記憶です。大脳基底核は割とおおざっぱな動きを、小脳は筋肉のこまかな動きも調整する働きがあります。

・「古典的条件づけ記憶」

これを説明するのに有名な「パブロフの犬の実験」があります。

犬に餌《えさ》をあげる前に「音」という条件づけをすると、その音を聞いただけで無意識に唾液が出てくるというものです。私たちも経験がありませんか？　梅干しをイメージしただけで唾液が出てきたなんてことが。

脳の働きとして、特定の音や視覚（梅干し）に唾液が出るという反応はないわけですが、それを長期に記憶させることで無意識的に唾液が出るという現象が起きます。あたかもそれをすでに経験したように、身体が反応してしまうのです。

これは大脳辺縁系を介した長期記憶です。

またトレーニングなどにより条件づけ記憶され、反応するというものもあります。

たとえば犬の「お手」です。飼い主の「お手！」という声と手のひらに対して「手を出す」という条件づけで犬の前足が出る反応で、これは小脳を介した長期記憶の一種です。

・「プライミング記憶」

これはついつい先入観が影響してしまう記憶です。

軽く実験してみましょう。

「かぼちゃ」「たまねぎ」「ほうれそんう」「キャベツ」という言葉があります。

このなかに、日本語にはない単語が入っているので選んでください。

どれを選びましたか？

「キャベツ」を選んだ方、まんまと引っかかってしまいましたね。

じつはよく見ると、ほうれんそうが「ほうれそんう」と書かれているのです。

気づきましたか？

言葉をかたまりで理解して「これは、ほうれんそうだろう」と頭が勘違いしてしまうのです。これは大脳皮質を介した長期記憶の一種です。

◎「体験」こそが、究極の記憶法である

これらの長期記憶は、「頭で記憶するもの」と「身体で覚える記憶」に分けられます。頭で記憶したものばかりを使うと、ときに先入観や思い込みが働き、間違いを起こしてしまいます。

そこで一番効果的な記憶の方法は、頭で入力した記憶を実際に体験することです。

学生時代の理科の授業を思い出してください。教科書や授業で学んだ知識を実験で確認しますよね。あれです。

体験しているとき、それが起こっている瞬間の五感、感情、動きをダイナミックに受け取って、それを長期記憶として収めておく。

これが究極の記憶法です。

頭でいったん記憶として入力しておいて、できるだけ早く体験をつくるのが、最速の記憶法なのです。

もしも海馬がなかったら？

すこし雑学的な話をします。

ヘンリー・グスタフ・モレゾン氏は、脳研究の歴史において大変有名な方です。

この方は重度の〝てんかん〟を患《わずら》っていて、症状を緩和する目的で海馬を含む内側側頭葉部分を摘出する手術を受けました。そして、てんかんの発作は無事に抑えられるようになります。手術成功です。いまから64年前の出来事です。

しかし、ここから想定外のことが起こります。

手術前に知っていた出来事や事柄（過去のこと）については部分的に記憶していた

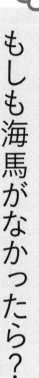

のですが、手術後のことはまったく記憶できなくなってしまったのです。

極度の健忘症《けんぼうしょう》により、新しい記憶を形成できなくなってしまいました。

このとき、あるときより前の記憶が障害されるものを逆向性健忘症、あとの記憶が障害されるものを前向性健忘症と呼びます。

ヘンリー氏の場合は、重度の前向性健忘症と部分的な逆向性健忘症が見られました。

彼はその後、数十年にわたって研究の対象となることに協力しました。

ヘンリー氏の協力により、**海馬が人、場所、物事、出来事に関する記憶の形成に関係していることが明らかになった**のです（参照：スザンヌ・コーキン著、鍛原多恵子訳『ぼくは物覚えが悪い――健忘症患者Ｈ・Ｍの生涯』早川書房）。

◎ヘンリー氏が教えてくれたこと

何度も言いますが、記憶には短期記憶と長期記憶が存在します。

一般に短期記憶と呼ばれるのは、いまこの瞬間に意識に上がっている情報で、大体数十秒くらいで消えてしまうようなものです。

一方、長期記憶は大量の情報を数分、数日、数ヵ月にわたって保持するものであり、ヘンリー氏が手術後に失った記憶は主にこちらのほうでした。

私の大好きな俳優であるアダム・サンドラーとドリュー・バリモアが共演した『50回目のファースト・キス』は、眠ると次の朝には記憶が喪失している……というストーリーでしたが、これも長期記憶が失われた状態です。この映画では、「記憶喪失って素晴らしい！」と思わせるくらいロマンチックに描かれていました。毎日初恋の感覚が体験できるわけですから。

しかし今回のヘンリー氏は30秒です。

彼の人生は30秒で完結するという、とても私たちでは想像のつかない人生です。

でも、彼の協力のおかげで、短期記憶と長期記憶を司るまったく別の独立した記憶回路が存在することが明らかになったのです。

ここで彼の人生をひと言で言うと「忘れるということを日常にしていた」ということです。忘れることが彼の仕事であり、彼の貢献だったのです。

食べるだけで記憶力に効果的なもの

記憶にいい影響を与える食品というものも存在します。
ここではその理由も含めて、いくつかご紹介したいと思います。

◎脳が活性化する5つの食品

① **レシチンを含む食品**

アセチルコリンは脳内では学習や記憶、覚醒、睡眠に対する神経伝達物質として働き、身体に対しても休息とエネルギー備蓄《びちく》に関係する伝達物質として働きます。

アセチルコリンはコリンという物質からつくられるので、コリンをたくさん含んでいる「レシチン」が、アセチルコリンを増やす鍵となります。

レシチンは「大豆」や「卵黄」に多く含まれているので、納豆と卵を混ぜてご飯にかけて食べるのが効果的です。

② 山伏茸《やまぶしたけ》

食用及び薬用に用いられた、きのこの一種です。中国四大珍味のうちの一つとして知られています（熊の掌、ふかひれ、なまこ、山伏茸）。山伏茸自体に含まれるヘリセノン類がＮＧＦ（神経成長因子）の合成を促進します。

またアルツハイマー病の原因物質とされる異常タンパク質、アミロイドベータによる小胞体《しょうほうたい》ストレスを防御し、神経細胞死を抑制する作用を、山伏茸に含まれるリン脂質（アミノバロン）から見出しました。

ＮＧＦは血液脳関門を通過できませんが、この２つの成分が含まれる新しい抽出物は血液脳関門を通過し、脳内に送られて神経細胞に対する保護作用を発揮します。脳内環境に働きかけ、記憶力の向上に作用します。

③　くこの実

よく杏仁豆腐にのっているベリーのような食品です。

脳で栄養不良が起きるとすぐに反応するところが、大脳辺縁系のなかに位置する記憶の中枢である海馬です。脳のなかでもっとも脆弱《ぜいじゃく》な場所が海馬なのです。

くこの実の成分は、脳に栄養を運ぶ血管を丈夫にすることで、脳に酸素を効率よく届けます。さらに鉄分も豊富に含まれていることから、海馬での栄養不良が起こらないようにしてくれる認知症予防に効果的な食品です。また、くこの実は優れた抗酸化力を示すことから、アンチエイジングとしても効果のある食品になります。

④　地中海料理（魚＋バージンオリーブオイル＋クルミ＋ワイン）

クルミに豊富に含まれる多価不飽和脂肪酸と、オメガ3系脂肪酸であるαリノレン酸とポリフェノール類が記憶力アップに作用すると言われています。

αリノレン酸は体内でＥＰＡ（エイコサペンタエン酸）、ＤＨＡ（ドコサヘキサエン酸）に変換されます。脳神経を活性化させるＤＨＡ、血液をサラサラにするＥＰＡが豊富なサンマ、イワシ、サバなどの青魚を摂取しましょう。オリーブオイルは抗酸化を促進するビタミンＥが豊富です。ポリフェノール酸として少量のワインの摂取も効果的です。地中海料理を食べることによって脳の萎縮が半減したという研究結果も知られています。

⑤ ダークチョコレート

少し前に「チョコレートの摂取量が高い国で、ノーベル賞の受賞者が多い」という論文が発表されました。

カカオポリフェノールには活性酸素を吸収してくれる働きがあります。

またチョコレート原料のカカオには、海馬の機能を高める作用があります。糖分が少なくカカオ成分が多い、ダークチョコレートがオススメです。

なぜプルーストは「香り」で幼少時代を思い出したのか？

大脳新皮質からの情報が、海馬へ取り込まれて記憶となります。

五感はそれぞれの大脳新皮質を刺激し、海馬への入力をスムーズにする手助けをしてくれます。

なかでも〝香り〟はとくに長期記憶への定着、そして記憶の想起に効果的な活躍をしてくれます。

その一例を示したのが「プルースト効果」です。

元々はマルセル・プルーストというフランスの小説家の代表作『失われた時を求め

て』の文中に出てきた一節で、主人公がマドレーヌを紅茶に浸《ひた》し、その香りをきっかけとして幼少時代を思い出す……という描写がもとになっています。

当時は読者にとってはチンプンカンプンでしたが、嗅覚の研究が進むにつれて、この小説のように、特定の香りが、それにまつわる記憶を引き出しから誘い出してくることがわかりました。

身体はそれを記憶しているので、なぜか手足が勝手に動くのです。

たとえば、私のプルースト効果は、昔好きだった同級生がつけていた香水の香りを、ふと電車やホームで嗅ぐと、フーッと身体が匂いのほうに向き、対象物を探し出そうとします。そして心臓はバクバクし始める……という具合に、生理的な記憶がプレイバックするのです。

記憶に残したいものを、香りでアンカーリング（記憶の意識づけ）すると、長期記憶に残されやすいという考えからきています。

これを利用しない手はありません。

ちなみに嗅覚は、感覚のなかでも一番原始的なものです。

狩猟時代は自分の身を守るため、生きていくために不可欠な感覚として日常で使われていました。

前述した線虫と同じように、よく遺伝子学の研究として用いられている「ショウジョウバエ」の実験で、50年以上約1400世代生活していると、ある一つの変化が顕著にありました。それは嗅覚の発達でした。

視覚の代わりに嗅覚でフェロモンを感じて繁殖していたのです。

ちなみに、ショウジョウバエの寿命は50日。1400世代は人間でいうと、3〜4万年にあたります。それほど原始的かつ重要な感覚なのです。

現代では匂いという感覚は、記憶にはあまり関係ないと思われている方も多いのではないでしょうか？　じつは匂いで刺激されて、直接、大脳辺縁系にある海馬に届くという、ほかの感覚にはない特徴を持っています。


その伝わる速度はなんと0・1秒。

一瞬で海馬を刺激するのです。

日常的に香りに接することで、自然と記憶力向上のトレーニングになります。

オススメはエッセンシャルオイルです。

これは自然に存在する植物の花、果皮、果実、根、種子、樹脂などから抽出した天然の素材で、その香りを凝縮して得たものです。

ここで注意しておく点は、100％自然のエッセンシャルオイルを使う、合成香料やアルコールが一切入っていない純粋なエッセンシャルオイルを使用する、ということです。それが不快感なく大脳辺縁系に刺激を届けるコツです。100％自然のものでしたら、安心して使用できます。

◎香りでパフォーマンスを最大化する

では具体的に、どのような香りがいいのでしょうか？　シチュエーション別にご紹介していきます。

・集中力を高めたいときは

ローズマリー＋レモンやペパーミントを使います。

ローズマリーは集中力を高める作用がある成分のカンファーを含んでいます。

またレモンには、元気になる成分であるシトラールが含まれていて、気分をリフレッシュさせ、前向きにしていく効果があると言われています。

・記憶力を高めたいときは

ローズマリー、ティートリー、バジルなどを使って海馬を刺激します。

・休息のときは

ラベンダー、フランキンセンスなどを使って脳をリラックスさせ、次の集中モードに備《そな》えます。

・勉強が終了したときは

ストレスを最小にするために、好きな香りを嗅いでください。

ローズやジャスミン、マートルの香りがオススメです。穏やかで心豊かな気持ちにさせてくれます。


それぞれ使い方としては、エッセンシャルオイルをディフューザーに数滴ドロップして、部屋に香りを充満させます。


これだけで海馬が持続的に刺激されます。

私はいろいろな場面で、このエッセンシャルオイルを使っています。

潜在意識に記憶させて習慣化するためのアンカーリングとしても、このエッセンシャルオイルを使います。

すると、最初の習慣化を繰り返すときにも、苦なく継続できます。

ちなみにローズマリーのエッセンシャルオイルは、脳神経を刺激し記憶力を活性化するという研究結果が、英・ノーサンブリア大学で報告されており、これを使わない手はなさそうです。

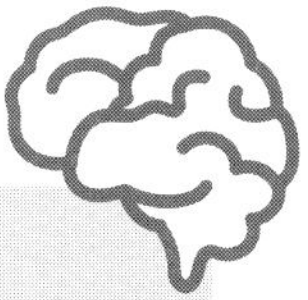

一度自転車に乗れるようになったら、乗り方を忘れない理由

20分の筋トレをおこなうことで、記憶力が10%高まるということが、米・ジョージア工科大学の研究結果で示されています。

つまり、筋トレは記憶力アップに効果的な運動ということになります。

運動で鍛えられる記憶はエピソード記憶です。

運動をすると、脳の神経伝達物質であるノルアドレナリンが分泌されやすくなり、脳内神経のネットワークがスムーズにつくられ、記憶が定着しやすくなります。

また、運動は記憶のほかにも覚醒、集中、意欲、思考の柔軟性にも関わっていると考えられます。

◎「マッスルメモリー」を鍛える

雑学的な話になりますが、筋肉には「マッスルメモリー」なるものがあることが知られています。

「筋肉に刻み込まれた記憶」のことで、過去にハードなトレーニングをしていれば、いったん運動を止めたとしても、トレーニングを再開することで素早く元の筋肉に戻れる現象のことを指しています。

簡単に言うと、3年間がんばって筋トレをして、筋力が上がったとしましょう。とある事情で筋トレを長期間休んだとします。筋肉を全盛期の状態に戻すのに、また3年間のトレーニングが必要かというと、そうではありません。

マッスルメモリーが働いて、筋トレを再開して数ヵ月程度で、筋肉の量や筋力が戻ってきます。

まるで筋肉が強かったときの状態を記憶しているかのように、急激に筋力、筋肉量が戻ってくるというのが、ここでいうマッスルメモリーと呼ばれるものです。

この原理は、いったん筋トレで増えた細胞の核が、トレーニングをしなくなっても残り続けるということです。

少なくとも筋核は、15年は安定した状態を保ち続けます。

私も自分のクライアントには、10年後20年後のためにも、いま身体を鍛えておきましょうと発破《はっぱ》をかけています。

旅が空間記憶を強化する

Ｃｈａｐｔｅｒ３のセロトニンのところで触れた、空間記憶についてお話ししたいと思います。

たとえば、あなたの家から最寄りの駅まで歩く道のりをイメージしてみてください。

まず、部屋から玄関まで。これはすぐにイメージできますね。

それから家の出入り口、道の勾配《こうばい》、目につくショップ、建物、目印を思い出してみてください。思い出せましたか？

それが空間記憶です。

私は過去何十回と引っ越しを重ねていますが、住んでいた住居から仕事場までの道筋がすべて明瞭にイメージできます。

また、新しい道を通っていくのが好きで、家のまわりの道はほとんど把握しているので、空間はだいぶイメージできています。近所のコンビニ、迂回路《うかいろ》、駐車場、スーパー、レストラン、高速道路の出入り口など、まず迷いません。

空間認知力を高めることは、記憶力を間接的に高めることにつながります。

そして記憶術のなかには、この空間認知力を記憶したいものに組み合わせて覚えていくというものもあります。つまり、空間のポイントを記憶のアンカーリングとして用いるわけです。

たとえば、駅をゴールとして、家から目印になる地点を10ヵ所くらい決めて、その目印になる地点と記憶の対象物を組み合わせて記憶するのです。

「あの曲がり角は、この英単語……」という具合です。

こうすると、一見難解な言葉でも、そのまま記憶していくよりは容易に覚えることができるということです。

これは脳が記憶することが苦手な種類の情報を、得意とするものに変換していくことで可能にしていくという手法を使っています。

◎空間記憶をトレーニングする方法

空間記憶のトレーニングとしてオススメなのは、やはり旅です。

日本国内、海外を問わず歩き回ることで空間認知力が鍛えられます。

旅に行ったときは、ウォーキングで空間認知力をトレーニングしてみてください。

また、自分の「記憶の宮殿」をつくっておくというのも、ワーキングメモリが必要なときなどに役に立ちます。

どういうことかと言うと、いまお住まいの場所を探検してみて、半径300メートル以内は隅々まですべて網羅しておいて、特徴を見つけておくと、ワーキングメモリが必要なときに役に立ちます（くれぐれも探検しすぎて、ご近所から怪しまれないように気をつけてくださいね）。

ちなみに、空間記憶を鍛えるためにおすすめのスポーツがあります。それはロッククライミングとボルダリングです。

3次元の壁を、即時に手と足の置き場を決めながらどんどん進んでいく、また恐怖と相対しながら登っていくことで、素早い動作が求められるからです。

頭と身体の連携力を鍛えるのにも最適ですし、自然の壁を登ると勇気やチャレンジに対する意欲も培《つちか》われてきて、記憶力にかかわらず、視点の変化が欲しい方にはオススメです。

私は、ボストンに留学中は毎週クライミングジムに通い、空間認知力のトレーニングをしていました。

柔軟性やプランニング、空間を読む力が試される脳のトレーニングとしても最適であると思います。

記憶したければ遊びなさい

遊ぶことの達人は、なんといっても子どもです。

子どもは無意識で、いかなる目的も遊びに変えられる能力を持っています。

私は遊びと聞くと、両親を思い出します。私は子どもの頃（もしかしたら、いまだに）とびっきりの遊びの達人でした。いつも「何をやって遊ぶか」だけを考えて生きていたのです。それもほとんどが一人遊びでした。

新しいものを探し、いろいろなことにチャレンジし、全身で表現することが大好きで得意でした。両親からよく怒られていたのを、いまでも思い出します。

「遊んでばかりいて、ちょっとは勉強しなさい」と、いつも言われていました。
なぜこんな話をするかというと、遊ぶことは細胞を生き生きさせるからです。

◎遊びが脳トレになる

では、遊びに具体的に必要な要素とは何でしょうか？
それは5つあります。

①未体験の新しいこと
②チャレンジできること
③できるだけ規模が大きいこと（think big）
④全身を使うこと
⑤自然をフィールドにすること

です。遊びには五感を使うことが求められますし、脳のすべての分野を使うため総合力が発揮されるので、脳のトレーニングにはもってこいの訓練です。

遊びを脳のトレーニングの一貫にできるなんて、とてもリッチでしょう。

あなたがいま一番やりたい遊びを考えてください。

その際には一切の時間、場所、予算を取り除いて、純粋に「何をして遊びたいのか」をイメージしてみてください。

あなたにはどんな遊びが、ワクワクを連れてきてくれるでしょうか？

体験したことのないこと、冒険的な要素のあるもの、そして早くやりたくてワクワクするようなものを遊びのリストに加えてみてください。

やり方やプロセスは一切考えずに、まず何が自分をワクワクさせるのか、ということにフォーカスしてみてください。

遊ぶことは身体のあらゆる細胞が変化することを許し、新しい細胞同士のシナプスの固着力を高めていきます。そうすることで柔軟な脳が保たれることになります。

この性質が高まると、記憶の新陳代謝がよくなること間違いなしです。

Chapter5

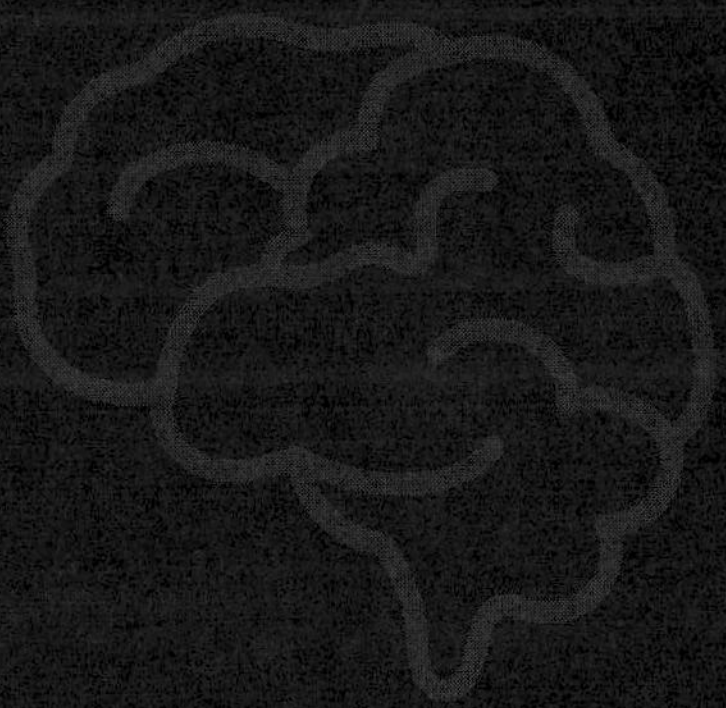

身体と脳を最高の状態に持っていく

「脳外環境」を整える４つのポイント

この章からは、記憶のために「身体と脳の状態を最適にする方法」を述べていきたいと思います。

まず「脳内環境」を整えることの重要性はＣｈａｐｔｅｒ１で述べてきましたが、ここではそれ以外の、記憶に役立つ「脳外環境」を整える方法を、まとめたいと思います。

大切な脳外環境は大きく分けて４つあります。

◎「呼吸」「姿勢」「電磁波」「血管」

① 呼吸

呼吸は、私たちが普段「呼吸」と呼んでいる、肺での呼吸はもちろんですが、「細胞呼吸」と言われている、細胞内での呼吸の仕組みも関係してきます。

細胞呼吸はミトコンドリアという器官でおこなわれます。

細胞呼吸がスムーズにいくと、生体のエネルギー源となるATP（アデノシン3リン酸）が産生されるため、疲れにくく、長期間にわたって脳の仕事効率が高くなっていきます。要するに記憶の能率もよくなるわけです。

これには私たちが普段おこなっている肺での呼吸が大切です。

呼吸が酸素を取り込む力に影響することから、脳に酸素が行き届いた状態が記憶力をアップさせるうえで大切になってくるのです。

この呼吸も、胸腔《きょうくう》呼吸や腹式呼吸などさまざまな方法が知られています。

浅い呼吸は脳を疲労させることから、呼吸の状態を観察するのも記憶力を向上する上で欠かせません。

前準備として、意識して深い呼吸で脳の環境を整えるというのも大切です。

腹式呼吸は、脳内ホルモンのセロトニンを分泌させる効果的な方法です。

この腹式呼吸はさまざまな体位でできます。

寝ても、座っても、立っても、歩きながらでもできるのがこの腹式呼吸のトレーニングです。意識してゆっくり深い腹式呼吸を一定のリズムでやってみてください（具体的な呼吸法は次項目で説明します）。

これによって、あなたの脳には、セロトニンと酸素でエネルギー補充がされます。

② 姿勢

姿見のあるところで、ご自分の姿勢を確認してみてください。

姿勢の確認をするときのポイントがあります。

横から見たときは上から、耳たぶ、上腕骨頭部、大腿骨大転子、外くるぶしがまっ

すぐ一直線になっていることがポイントです。

前から見たときはヘソの位置、骨盤部の左右の高さが同じか、左右肩部の高さ、左右の膝の高さなどがずれていないか比べます。

脳の位置が重力のベクトルとずれていると、頸部《けいぶ》、顔部、頭部の筋、骨、関節部に負担がかかり、脳内環境に影響を及ぼします。

また姿勢の影響で、慢性痛を発生させ、この疼痛も記憶に影響を及ぼします。

歯痛のときを思い出してください。痛いときに「勉強なんて、していられない!」と思ったことは、あなたもあるのではないでしょうか?

③ 電磁波

電磁波とは、電気と磁気の両方の性質を持った波のことです。

ドイツ・ルール大学ボーフムで、電磁波と記憶の影響が研究されました。

携帯電話の電磁波を2時間浴びたあとの、脳内の学習や記憶に関わっている海馬の神経細胞を調べると、**電磁波の照射によって脳内の記憶、学習プロセスに低下が見ら**

れました。

電磁波の強度によって影響を受ける可能性があることが示されています。

④ 血管

「血管年齢」が若いと血管の弾性は高く、バネとしなやかさを保っています。この血管力が私たちの元気のもととなっています。

また、自律神経のバランスがうまく整っていることにより、血流の量が一日のなかで調整されます。

必要な箇所、脳が内臓に指令を出すと、瞬時にそこへ向かう血管が収縮し、血液を送り込み、ターゲットとなる場所では血管が広がり、血液が充満して思う存分働ける状態をつくってくれます。使う箇所ほど血流を必要とすることから、この箇所の血管が拡張されている必要があります。記憶をしているときにも、記憶に関わる脳細胞の血管の動きがスムーズであることにより、楽に記銘することができます。

この血管力を自由自在にするためにオススメなのが、ウォーキングとサーキットト

レーニング（筋トレ）です。

ウォーキングは全身調整運動と呼ばれ、全体を使うエクササイズです。できるだけ大股でテンポよく歩くというのがポイントで、リズミカルに大股で呼吸にも意識をおきながら、20分くらいを目処にウォーキングをおこないます。

ウォーキングが全体を使うのに対して、筋トレは、局部を使うトレーニングです。手足の筋肉と身体の中心に近い筋肉のトレーニングをおこないます。

上腕二頭筋のトレーニングやスクワット、腹筋運動や背筋運動をバランスよくおこなうようにしましょう。血管の太い筋肉と細い筋肉のワークアウトを、交互におこなうことにより、血管力を高めるという目的です。

ウォーキングと筋トレをセットでするのが、血管力を高めるためにオススメです。

私がおすすめするトレーニングは道具を使うより、自分の体重で負荷をかけておこなう自重トレーニングです。体力にあった負荷のメニューを自分なりに組み合わせておこなってください。

ゴールデンタイムと腹式呼吸を意識する

よく「朝をいかに使っていくかが成功する近道」というように言われています。

朝の時間はたしかに重要ですが、こまかく言うと、起きてからの2～3時間がとても大切な時間です。

これは、この時間が1日でもっとも集中できる時間帯であるからです。

その理由には脳神経伝達物質のひとつであるセロトニンが関係しています。このセロトニンが朝起きてから上昇するのです。

さらに、このとき太陽の光を浴びると、セロトニンの上昇加速度はさらにアップします。この時間帯には交感神経も優位になっており、脳のパフォーマンスにはもってこいの時間帯なのです。

このときに、脳を最大限に使うこと、または何か自分が好きなこと、チャレンジしていることに取り組むことで、目標ができ、たくさんのことを達成できるきっかけになります。なので、この起きてからの2～3時間を通勤の時間にしている方、ぜひ早起きして脳力開発に使うようにしてください。

◎腹式呼吸の方法

さらにセロトニン分泌を簡単にパワーアップさせる方法があります。

それは腹式呼吸です。

鼻から吸ってお腹を十分にふくらませたあとで、お腹を凹《へこ》ませながらゆっくり吐いていく（2秒で吸って8秒で吐く）のを10回繰り返します。

そうすることで脳へ酸素が行き渡り、セロトニン分泌は上昇します。

脳を最適化する腹式呼吸

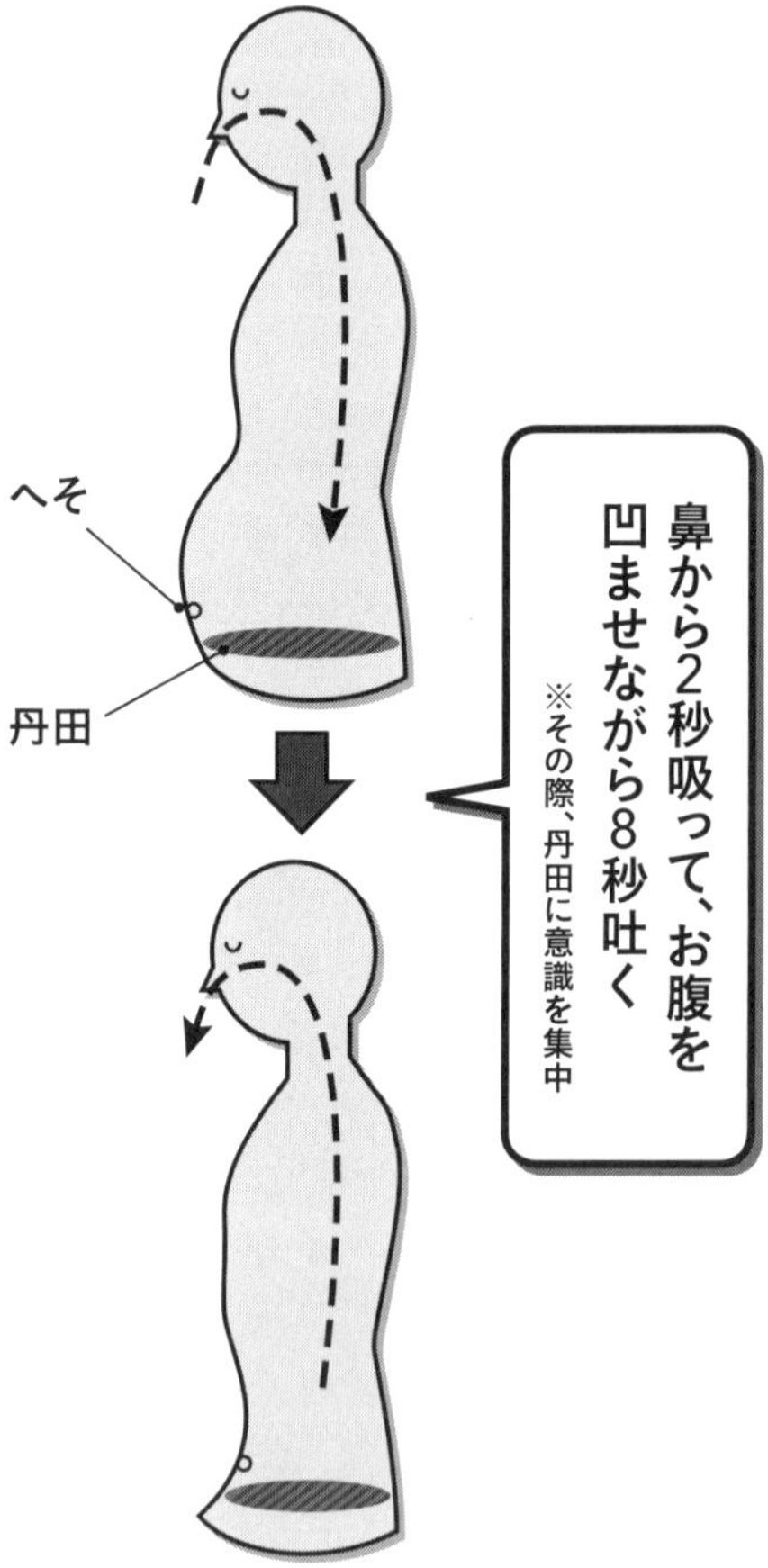

寝ながら、歩きながら…etc.
いつでも意識しましょう！

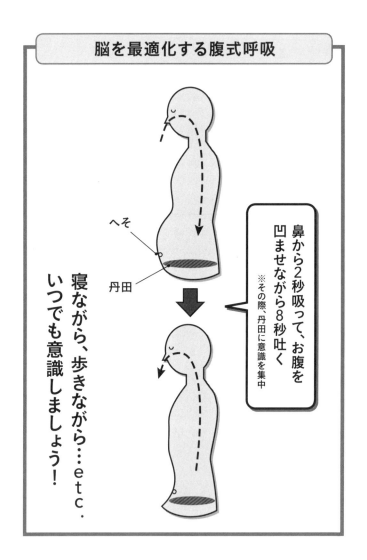

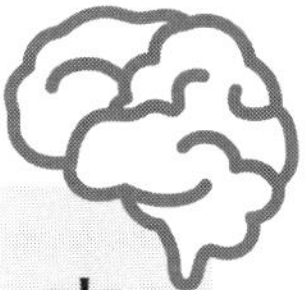

良質な睡眠が、長期記憶へといざなう

睡眠は記憶力を高めるうえで重要な役割を占めています。

一般的に睡眠は脳の休息と呼ばれる「ノンレム睡眠」と、身体の休息とされる「レム睡眠」のサイクル（90分程度ごと）を基本に、大体5サイクルくらいの睡眠時間が平均的とされています。

健康な人は、目を閉じて大体10分以内で眠りに入ります。

そしてこの睡眠中に脳の掃除がされて、シナプス間隙（ニューロンとニューロンの接触部）、シナプス周囲がスッキリして記憶の脳内環境が整うわけです。

さらに夜のホルモンと呼ばれるメラトニンや成長ホルモンなども分泌され、覚醒のための準備としても大変重要な役割を持っています。

寝ている間に、より想起しやすい長期記憶へと落とし込まれていきます。

つまり学んだあとにしっかり睡眠をとることで、記憶が定着され、いつまでも思い出せる状態になれます。

ハーバード医科大学のロバート・スティックゴールド氏は、**「何か新しい知識や技法を身につけるためには、覚えたその日の十分な睡眠が欠かせない」**という研究結果を発表しました。

一睡もせずに詰め込む一夜づけタイプの記憶方法は、情報の貯蔵庫である側頭葉に刻み込まれることなく、数日のうちに消えてしまうと指摘しています。

◎寝る直前の暗記が重要

また、記憶に特化したゴールデンタイムがあります。

寝る直前の時間が記憶の効率を高めるのに最適です。

寝る前の15〜30分を、海馬すなわち記憶のゴールデンタイムとして、暗記の時間に充ててください。

この復習の最後の5分はベッド上でやってください。

ベッドに入ると脳は入眠の準備をし、シータ波に変わっていきます。うつらうつらした状態です。

このシータ波が記憶力アップにさらに貢献するということです。

もしも眠たくなったら、そのまま寝てしまいましょう。

私の場合は、語学学習で単語帳やフレーズ帳の暗記を寝る前の15分に充てています。

「シータ波」が記憶への鍵となる

記憶に最適な脳の状態は、脳波と関連があります。

脳波にはアルファ波、ベータ波、シータ波、デルタ波、ガンマ波の5種類があり、それぞれ記憶に影響を与えています。

最初にアルファ波は、よく知られているように、脳がリラックスした状態を表しています。目を閉じてしばらく委《ゆだ》ねているだけで、簡単にアルファ波を体験することができます。一秒間に8～13回の頻度で波形が出るのがアルファ波です。

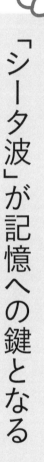

次にベータ波が出現しているときは、脳が活動しているときで、海馬の神経細胞同士の結びつきが強まっている状態です。

私たちが、普段目覚めていて意識がはっきりしているときの脳波は13～40Hz程度で、これがベータ波の状態です。またイライラしているときや、飽きてきたときにもこのベータ波が出現します。

そしてシータ波はおもに海馬から発せられる脳波で、一秒間に5回くらいの周波数で規則正しくリズムを打つ特徴を持っています。このときは、いわゆるゾーンやフロー状態と呼ばれるところに入っています。自分の予想以上の能力が発揮されます。

シータ波は、新しいものに出会ったり、初めての場所に行ったりしているときに有意に出現するようです。

そして、起こっていることを記憶しようとします。

シータ波が出ているときは海馬が活性化して、記憶しようとしている状態とも言え

ます。長期記憶として定着しやすくなるということです。

シータ波は目にしたもの、耳にしたものを入力し、長期記憶として大脳皮質側頭葉に保存する効果があるわけです。こう聞くと、なんとなく記憶にはシータ波がよさそうだと感じていただけたでしょうか？

ちなみに子どもは学習能力、記憶能力が高いですよね。小学生の頃に語学に馴染《なじ》むとすぐに喋れたりします。

その理由は、だいたい6歳頃まではシータ波が優位となっているためです。

とくに2歳以下の赤ちゃんは、このシータ波を持続して体験している状態です。子どもたちはリラックスすることのできる達人なのです。この時期の私たちの脳は、入力した情報を吸収し、保存することに長けています。

◎シータ波を出現させるには？

シータ波を誘導するのにもっとも関わる部分は「松果体《しょうかたい》」と呼ばれるところで、

グリンピースくらいの大きさです。ここでは先にも紹介したメラトニンと呼ばれるホルモンが分泌され、睡眠に関係が深いところでもあります。

そして、この松果体のほどよい活性化が、シータ波を出現させるのに効果的と言われています。

この松果体を刺激して、シータ波のなかでゾーン状態をつくるための鍵となるのがセロトニンです。メラトニンが活性化されるためには十分なセロトニンが必要なのです。

セロトニンとメラトニンのバランスが、松果体を活性化させます。

ではセロトニンを活性化させ、メラトニンを誘導し、シータ波を出現させるためにはどうしたらいいのでしょうか？

コツは好きなことをすることです。

好きなことを考え、好きなことを想い、感じ、好きなことを実行することを習慣化することによって、シータ波が出現しやすい脳の環境を整えてくれます。

好きなことを第一の優先順位にして、いろいろなことに興味を持ち、好奇心を持って毎日を過ごしていけば、あなたの脳はシータ波三昧《ざんまい》の状態になり、記憶の力もパワーアップすること間違いありません。

さらに未体験のものであれば、俄然シータ波の力があなたを支えてくれます。

そして、持続したシータ波は長期増強（ＬＴＰ）を起こし、スムーズに長期記憶に移行することを可能にします。

さらに軽い運動を記憶の前におこなうことで、シータ波が出やすい状態をつくります。ここで疲労を引き起こすような運動は逆効果となりますので、刺激が軽い運動をしてください。時間的にも5～10分ほどで十分です。

オススメはストレッチやヨガの動きです。落ち着いた波音や川のせせらぎのバックグラウンドミュージックを聴きながらやると、さらに効果的です。

身体のなかでも大きい筋肉の部分を、ゆっくり伸ばしてみてください。

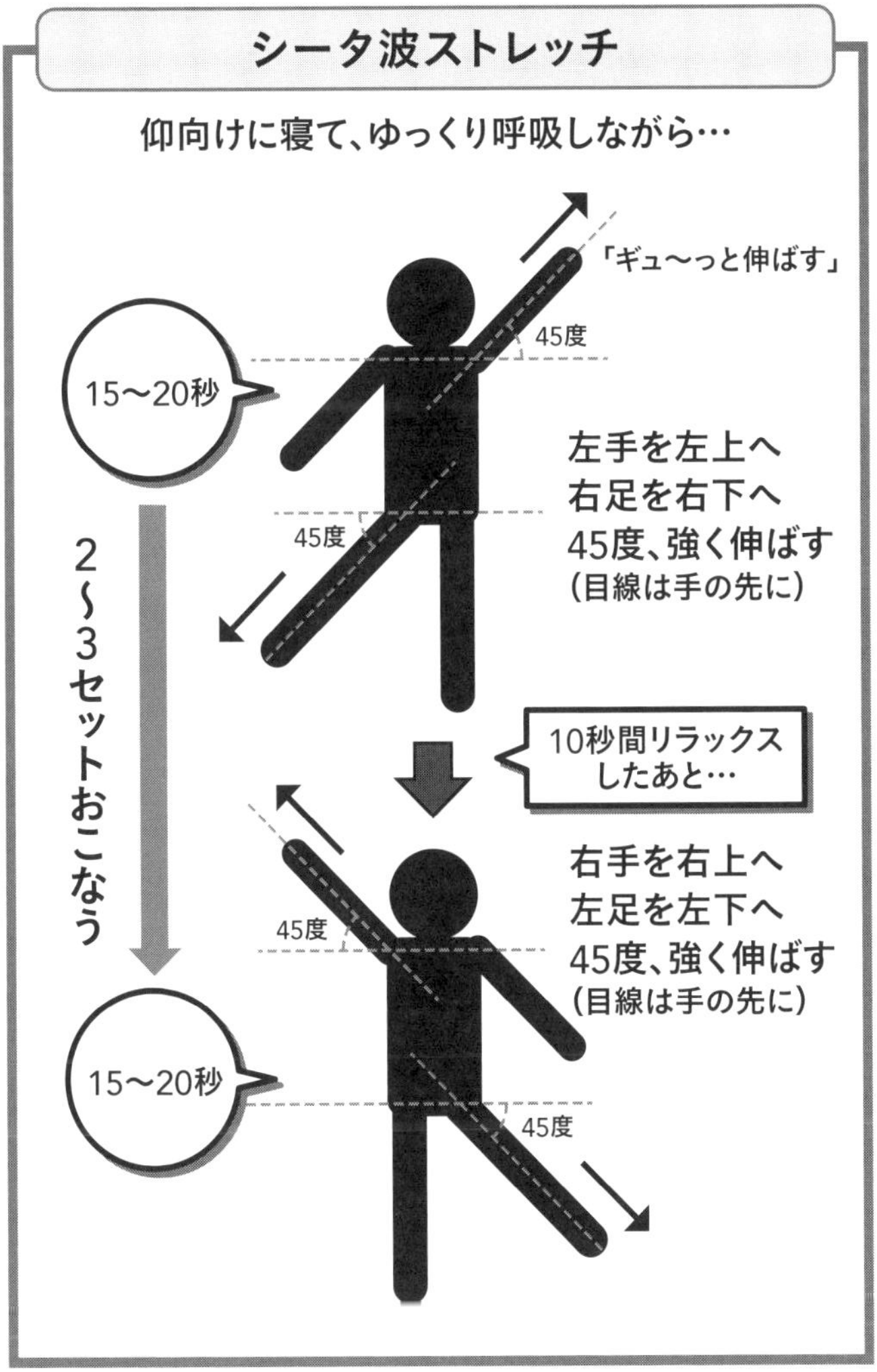
シータ波ストレッチ
仰向けに寝て、ゆっくり呼吸しながら…
「ギュ〜っと伸ばす」
45度
15〜20秒
左手を左上へ
右足を右下へ
45度、強く伸ばす
(目線は手の先に)
45度
2〜3セットおこなう
10秒間リラックスしたあと…
45度
右手を右上へ
左足を左下へ
45度、強く伸ばす
(目線は手の先に)
15〜20秒
45度

瞑想で脳と身体を整える

瞑想と記憶力は密接な関係があります。

私たちが普段おこなっている記憶はどちらかというと、脳のほんの一部だけを使う作業です。

逆に瞑想は脳の全体を活性化させます。

同じところばかりを使いすぎると脳は疲労します。

そこで瞑想でリセットすると、今度は前回とは違った神経回路を使って記憶することを新たに学習し、実行することによって記憶はより強固に保たれ、長期記憶に移行しやすい状態となります。

瞑想を習慣にしている人は、アルファ波を自由自在に出せるという研究結果があり、記憶力アップに適した脳内環境をつくることができます。

要は、瞑想後の脳内環境は、記憶をするうえでとても効果的だということです。長時間の瞑想が必要であるという訳ではなく、5分くらいの短いものでも効果があります。

最近書店には、マインドフルネスをはじめとした瞑想の本がたくさん並んでいて、世界は瞑想に注目しています。そして、その効果はストレスの緩和のみならず、さまざまな効果が認められています。

そのうちのひとつが、記憶力にも関係しているわけです。

私も一日2回、20分の瞑想を毎日のルーティンに入れるようにしています。

記憶力のなかでも、想起力（思い出す能力）を向上させる働きがあることが、知られています。

報告によると、一日平均27分の瞑想を8週間続けると、記憶や学習にかかわる脳灰白質の濃度が有意に高くなったことがあきらかになっています。

◎ハーバード時代から実践していた瞑想法

本格的な瞑想の方法を習ったのは10年ほど前なのですが、ハーバードにいたときから、ストレスや疲労を感じた際は、瞑想のようなことをやっていました。

その方法はいたって簡単で、たった2つのステップです。

最初は目を閉じる、それだけで第1ステップ終了。

次は呼吸を意識することです。とくに吐く息をできるだけ長く。それが第2ステップ。この呼吸を5分くらい繰り返す。

たったそれだけなのですが、夕方にこのエクササイズをするだけで実験に集中でき、気づいたら夜中の12時を回っていた、という経験が何度もあるくらい、非常にパワフルな瞑想の効果を感じていました。

「脳のリセット（休息）」が記憶力の向上には不可欠

記憶のパフォーマンスを最大に保つためには、脳がオーバーユーズ（使いすぎ）にならないように注意することが重要です。

脳がオーバーユーズになっている兆候に、脳疲労があります。

疲れやすい、飽きやすい、睡眠不足などの状態が常にあるということは、脳が疲れているという警報を発しています。

脳疲労の中枢は間脳に存在しています。疲労がたまるとパフォーマンスの効率が悪くなり、それによりストレスが上昇していきます。

ストレスが上昇すると、今度は病気を発生させ、身体や心に異常をきたす原因となってしまいます。

◎ストレスは海馬に影響を与える

ストレスがたまると体内に蓄積していくホルモンがあります。

それを「コルチゾール」といいます。本来コルチゾールはストレスから身体を守っている大切なホルモンです。一般に起床の3時間前くらいから分泌が増え始め、起床時にピークに達します。

というわけで、コルチゾールの値が高くなると、全身のストレスの度合いも必然的に高くなっているというわけです。

そして**脳のなかでもっともストレスに弱いところが、記憶の中枢である海馬**と言われています。ストレスがたまっていくと、海馬に流れている血液量が少なくなっていって細胞に栄養が行き渡らなくなります。

脳疲労を抑える7つのリセットメソッド

では、脳疲労を抑えるにはどうすればよいのでしょうか？
具体的なメソッドをいくつかご紹介したいと思います。

① ベータエンドルフィンの活性化

ストレスを除去し、海馬を生き生きさせる脳内ホルモンが「ベータエンドルノィン」と呼ばれるホルモンです。脳内モルヒネのひとつとされています。ベータエンドルフィンは、活性酸素を退治する「抗酸化作用」を持つことから、脳疲労の除去に働きます。適度な有酸素運動をすることによって分泌されます。

② ゆらぎ体験

「ゆらぎ」とは一定の平均値から微妙にずれた、ある程度の不規則な規則性を持つ現象を言います。不規則な規則性……難しいですよね。

たとえば海の波の音や、森林浴などがこれに当たります。

森を歩いているとこんな感覚があると思います。木漏れ日がどこからともなく届き、心地よいそよ風が優しく包むように吹いてきます。蝉や鳥の鳴き声があらゆる所から響いてきます。川のせせらぎが下から聞こえてきて、歩くとともにその音は近くなってきたり遠くなったりします……というように不定期な刺激が五感に届きます。

なんとなくゆらぎという感覚が想像できたでしょうか？　このゆらぎ体験は、脳疲労の中枢である間脳に作用し、脳の疲労を取ってくれるという効果があります。

③ エッセンシャルオイルを嗅ぐ

エッセンシャルオイルには脳疲労を和《やわ》らげる効果があります。具体的にはペパーミント、フランキンセンス、ラベンダー、バニラの香りなどがいいでしょう。

④ ぼーっとしてみる

研究によって、ぼーっとしている状態のときこそ、脳全体が働いているという事実が明らかになっています。

この脳がフル回転することを「デフォルトモードネットワーク」と言います。

一生懸命何か勉強しているときは、脳のなかでも局所的なところのみが働いていて、ほかのほとんどの所は働いていません。一点集中型の働き方です。すなわち大部分の箇所は働いていないのです。

逆に、ぼーっとしているときは全体が活動しています。一点に集中しているときとの消費エネルギーの差は20倍とも言われています。ぼーっとしているとき、つまり無心になることで、本来の能力が発揮されるという研究結果が出たのです。

記憶に関しても同じようなことが言えます。

何か特別な行動をしているときと、ぼーっとしているときの脳の働きを比較すると、ぼーっとしているときのほうが、記憶に関する部位が活発に働いていたという報告もあります。

ちなみにデフォルトモードネットワークには、人間にとって3つの役割があります。

1つめは自己認識、自己受容。つまり自分自身をより知ること、受け入れること、気づくことです。

2つめは見当識《けんとうしき》。自分が置かれている状況を把握することを見当識と言います。

3つめが記憶です。

前述したように、私は昔からよく「人一倍ぼーっとしている」と言われていましたが、いま思えば、いいか悪いかは別として、ぼーっとしたあとに、すごくアイデアやひらめきが出ていたことがあったと記憶しています。

それが研究のアイデアになっていったことは、言うまでもありません。

⑤ショートナップ

つまり昼寝です。ここでいう昼寝は25分くらいの短い睡眠のことを言います。

睡眠のサイクルで最初に起こるのが、ノンレム睡眠です。

このフェーズでは脳が休息し、リセットされます。

しかし25分を過ぎてしまうと深い睡眠の段階へと入ってしまい、起きるのがとても困難になってきますので注意が必要です。

昼寝の際に五感を遮断する目的で効果的なグッズは、耳栓とアイマスクです。

この2つを装着して、感覚の刺激もできるだけ少なくしてあげることが大切です。

目覚ましをバイブに設定しておくのがコツです。

⑥　デジタルデトックス

電磁波が脳に与える影響も無視できません。

1ヵ月に一度などの機会に、携帯を含むすべてのデジタル類から解放される時間をつくるのは、脳にとてもいい効果をもたらします。

せっかくなら1ヵ月に一度は自然に囲まれた場所に行って、デジタルデトックスが可能な時間をつくってあげるといいのではないでしょうか？　くれぐれも、お知り合いの方には連絡できない旨《むね》を知らせておくのを忘れずに。いまの時代、少しでも居場所がわからないと周りが心配して捜索願いが出てもおかしくないですから。

⑦　映画を観る（感動する）

ストレスに反応して分泌されるコルチゾールが、涙に含まれているという報告があります。つまり涙を流すことにより、ストレス除去となってスッキリするのです。

感動をもっとも早く体験できるのが映画です。

私は大の映画好きで、暇さえあれば映画を観るという映画オタクでもあります。多いときだと一日5本観てしまうほど大好きです。

国際線に搭乗したときは席についたらすぐに観始めて、これも4～5本観てしまいます。そして当たりの映画を観たときは、辺りも気にせずに涙を流しています。

◎リセットメソッド番外編

⑧ ヘッドスパ

ストレスがたまっているときというのは、頭皮はガチガチの状態です。

そういうときにオススメなのがヘッドスパです。

私は、ヘッドスパ愛好家歴5年を過ぎます。

そして仕事でも、ヘッドスパを勉強、習得して、自分のクライアントに提供するほどのヘッドスパ大好き人間です。

お近くのヘッドスパ優良店をチェックしてみて、一度体験してみてください。

私はもっぱら美容室を選ぶときは、ヘッドスパ対応店かどうかで決めています。美容室で探してみるのもいい方法だと思います。

「自信力」が記憶力を増大させる

とてもシンプルな質問をします。

仕事もプライベートも、あるがままのあなたでいられていますか？

「あるがままの自分を出すことなんて恥ずかしい」と無意識に感じて、あまり目立たないようにしていないでしょうか？

私はとくにこの傾向が強かったです。自分に自信がないのが常で人前に出ることが嫌で、緊張でいつも心臓がバクバクと音を立てていたのを記憶しています。

長期記憶として記憶に残すには「自信力」が大切です。

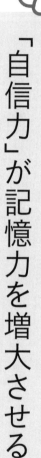

◎パワーポーズで強制的に自信を得る

では、自信のない人にどうやって自信をつけようというのでしょうか？

最近、この自信力を高めるいい方法として**「パワーポーズ」**を取るトレーニングを習慣にするという報告があります。ポーズで心の自信を取り戻そうというわけです。

自信のない方は足を組んだり、縮こまったり、首に手を置いたりしています。これは無意識です。これだと自分に自信を持てず、その状態が続くと記憶力にも影響が出てくるわけです。

パワーポーズを取ることにより、変化するホルモンがあります。

それはテストステロン（男性ホルモン）です。テストステロンは脳の認知機能にも関係し、私たちが決断や判断をする際に力を発揮します。

パワーポーズを取るだけで、体内のテストステロンが約20％上昇し、自信につながるという報告からも、有効であるというわけです。

この自信で、私たちは行動の範囲を広げることができ、あらゆることにチャレンジできるようになります。自信を持って行動した経験、体験は結果にかかわらず長期記憶に保存されやすくなるわけです。

そのパワーポーズというのはオリンピックの100メートル走フィニッシャーがラインを越えるときに見せるポーズ、つまり両手を45度に大きく広げるVサインです。また、テレビの刑事ドラマで上司がやっているような机に足を投げ出して、手は頭の後ろで組んでいる格好などもあります。

いかにも偉そうな感じがしますが、こんなポーズを1～2分間やるだけで、あなたのホルモン値が変わっていきます。

ここで注意していただきたいのは、くれぐれも仕事場ではやらないことです。

このエクササイズは自分自身に対する自信をつけるもので、人に自信を見せつけるためのエクササイズではないことをご了承ください。

自信がつくことでありのままのあなた自身を表現して、人生を生きていくことができるようになりますよ。

パワーポーズで自信を得る

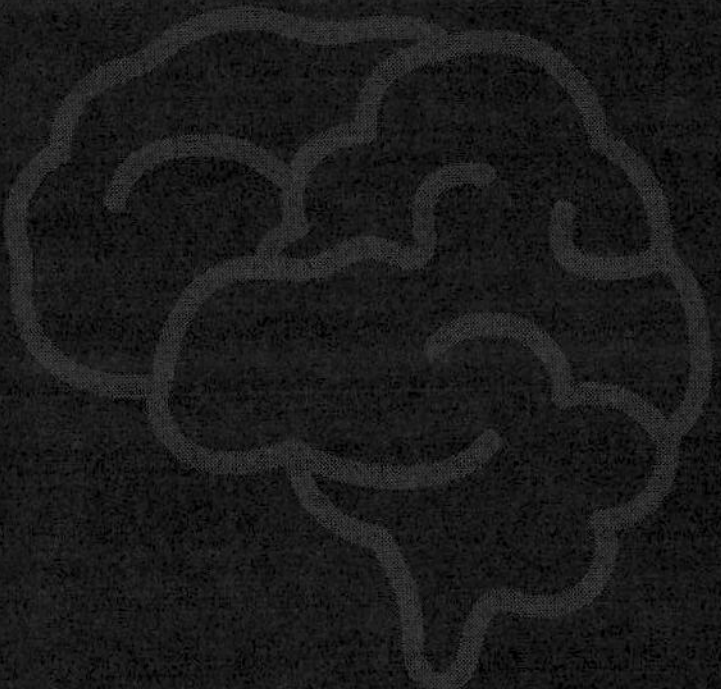

Last chapter

マルチリンガルの私の語学学習法

最強の語学勉強法

本書も最終章になりました。語学の学習が記憶力アップに役立つという報告があります。他言語を習得することによって異なった脳のエリアを使うようになることから、マルチタスクのときなどに効果を示します。つまり、ワーキングメモリ力アップにつながるわけです。

そこで最後に、私がおこなっている語学学習のコツについてお伝えしたいと思います。

冒頭から言っていますが、私は記憶力においてはあまり自信がありません。

しかし、小さいときから、こと語学に対する興味はあり、高校生のときから英語以外にもフランス語や、韓国語を勉強したりしていました。

いまでは多国言語・マルチ言語をあやつるまでになりました。語学を学ばれる方のお役に立てたらと思い、ここで私なりの語学の学習の仕方をご紹介します。

◎「単語力」と「シャドウイング」

ポイントは「単語力」と「シャドウイング」の2つにつきます。

まず単語に関しては、一単語ごとではなく、ある程度のかたまり（節）に区切って記憶するように心がけます。そして、最低10回は暗唱します。

次にシャドウイングについて簡単にご説明すると、「英語を聞きながら、後から追いかけて同じように発音を真似する学習方法」です。これは聴覚で聞こえてきた文を瞬時に音読として言葉に表すこと。つまり、インプットしたあとすぐにアウトプットできるかという瞬発力を鍛え、これがワーキングメモリ力をアップさせると言われています。

シャドウイングの効果として、

・リズムとイントネーションがきれいになる
・発音がよくなる
・区切り（息継ぎ）の位置がわかる
・言語のスピードに慣れることができる
・会話のレスポンスがよくなる

などが挙げられます。

シャドウイングに使うもの（教材）には、自分の興味のある内容のものを選んでください。**私のオススメは、有名大学に招待される著名人の卒業式でのスピーチです。**心に響く内容のものが多く、聞いていてとてもワクワクします。

シャドウイングは、聞いたものをすぐに言葉としてアウトプットする、という反射神経が鍛えられるものです。聴覚は側頭葉で処理されます。側頭葉は聴覚を処理するところでもあるうえ、音声のほかにも文字の意味にも関わっています。

また側頭葉は、海馬で習得した短期記憶を保存するところでもあります。

こういう意味で、音読は語学を学習する際のメインパートになるのがおわかりいただけるかと思います。語学は反射神経がキーポイントなのです。

そして次に私が実践してきた語学に対する取り組みとしては、**ぼーっとしながら会話を聞くということです。**

とにかく、ぼーっとしながらなんとなく聞いているという状態を続けてみてください。まるで睡眠学習のように、これは右脳記憶として説明されます。

論理立てる、理解して記憶する左脳記憶ができない状態に無理やりしてしまうと、脳は仕方なく右脳で記憶しようとします。すると、単語で理解していたものが句、節、文と広がりでとらえることが可能になるのです。

語学はこの右脳記憶との相性がいいようです。速聴《そくちょう》も同じ考え方で、左脳を混乱させ、あきらめさせ、右脳で記憶させる一つの方法として効果的です。

またTOEICの試験を定期的に受けることは脳トレともなりオススメです。この試験はリスニング、リーディングはもちろん、スピードやさまざまな点で脳のトレーニングに最適です。私はできるだけ一年に一度は受けるようにしています。

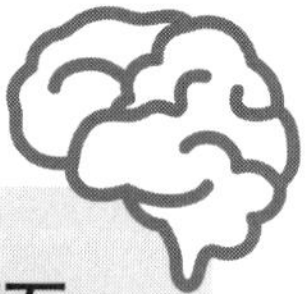

語学の本質が身につく習慣

ここでさらに、私の語学勉強で実践している7つの習慣をご紹介します。この7つの習慣が身につけば、語学習得に大きく役立つことでしょう。

◎川﨑式7つの語学習慣

① **その語学ができたらどうしたいか意図する**

その言葉を使ってどんな人と関わりたいのか、どんなことをしたいのか、具体的にそしてできるだけ明確にイメージすることが、最初のステップとして重要です。

② ゲーム感覚で、毎日続けられるような教材を探す

最近はオンラインなどでも毎日コツコツやれるような語学学習ツールがあります。そのような教材を使用して継続していきます。私は「duolingo」や「pimsleur」というツールを使っています。

③ その国に行く計画を立てる

その言語を使って何らかの体験ができる機会をつくっておきます。いつまでに行くかと期限を決めることにより、モチベーションも高まります。その国で可能な楽しめることをできるだけリストアップしてください。

④ シャドウイングで語学反射能力を鍛える

これは先に述べたようなシャドウイングの練習です。筋トレみたいなものなので、ここにかける時間は毎日10〜20分もあれば十分です。

⑤ ぼーっとしながら聴くｏｒ速聴

お気に入りのテレビチャンネルや、スピーチを動画サイトから探し出し、ぼーっとしながら聞いていくことをします。もし可能であれば1・5倍速、2倍速などで聞いたのちに、普通の速度で聞いてみます。

⑥ アウトプット

とにかく話す機会をたくさんつくってください。オンラインの会話で自分が言ったことを正しく直してくれたり、発音を正してくれる人を探すのがオススメです。カフェやオンラインレッスンなど、自分に合ったアウトプット法を探してください。

スカイプを使用したオンラインレッスンはフリートークの機会ともなりますのでオススメです。無料体験などをやっている教室もありますので、是非試してください。

⑦ その国で実際に話す

ボランティア、仕事などを通して実務に携わっていきます。ここまでくればあなたの語学力は使えるものになっているでしょう。

Epilogue

あなたのストーリーを紡ぐ、長期記憶を見つけるための質問

最後まで読んでいただき、ありがとうございました。

ここまで読んでこられたあなたは、記憶に強い脳をつくるための第一歩を踏み出したということです。あとは、本書で紹介したメソッドや習慣を意識しながら過ごすだけでも、あなたの脳は進化していくでしょう。

本書の締めくくりに、あなたにプレゼントがあります。

それは、あなただけのストーリー（長期記憶）を見つけるための「20の質問」です。

20の質問に答えることで、過去の記憶を整理してみましょう。あなたにとって大切

な記憶が何かをもう一度よみがえらせてみてください。そこから未来に必要なあなた自身をつくる記憶が見つかるでしょう。

充分な時間をとって、次のエクササイズをやってみてください。

ゆっくり目を閉じてみてください。深い呼吸を3～4回繰り返しましょう。

そして、両手を胸に当てて、次の質問に答えてみましょう。

①一番恥ずかしかったことは何ですか?
②もっとも怖かった経験は何ですか?
③一番感動した経験は何ですか?
④過去の経験で一番のチャレンジは何でしたか?
⑤もっとも喜びを感じたことは何ですか?
⑥もっとも後悔していることは何ですか?
⑦一番幸せを感じた瞬間は何ですか?
⑧一番美しいと思ったのは、どういう場所ですか?

⑨ 訪れたところで一番心に残る場所はどこですか?
⑩ あなたが一番大切にしているものは何ですか?
⑪ もっともワクワクした経験は何ですか?
⑫ もっとも苦手な人を思い出してください。その人はあなたに何をしましたか?
⑬ もっとも充実感を得たことは何ですか?
⑭ もっとも愛を感じたことは何ですか?
⑮ もっとも穏やかさ、平和を感じる状態はどのようなときですか?
⑯ あなたが目標にしていた憧れの人は誰ですか?
⑰ もっとも他人の羨ましかったところはどこですか?
⑱ 一番褒められた経験は何ですか?
⑲ 家族以外でもっとも親密さを感じたのは誰ですか?
⑳ あなたが自分をもっともパワフルと感じた瞬間は何ですか?

どうでしたか?

以上20の質問から導き出された答え（記憶）が、あなた自身の人生のキーワードとなります。つまりあなたのライフストーリーを形づくる基礎となっています。

そのことをいま一度噛みしめた上で、これからの人生で出会う新しいストーリーを刻んでいってください。

この質問に一生懸命考えながら答えるだけで、あなたの脳は最大に活性化します。そして、この質問で答えた一つひとつの経験は、あなたに何を教えてくれているのか感じ取ってみてください。そこにあなたが世界に与えるであろう、尊《とうと》い価値が眠っているはずです。

さあ、あなただけの長期記憶をつくる旅は、始まったばかりです。

川﨑康彦

Memory is the treasury and
guardian of all things.

「記憶はあらゆる物事の宝であり、
守護者なり」

——マルクス・トゥッリウス・キケロ（『雄弁論』より）

最後に――

巻末特典「記憶に有効な役立ちグッズ」

最後に特典として、記憶に有効な役立ちグッズをご紹介したいと思います。

① nu board（ノートタイプのホワイトボード）

現代はパソコンでほとんどの用が済んでしまうので、なかなか手書きをしなくなってきました。しかし、やはりアイデア、ひらめきが出てくるのは手書きで考え、ストーリーをまとめていくことが役立ちます。

記憶という断片をつなげていくうえでもとても重要です。

このノートはホワイトボードタイプで、各ページに透明なシートが添付されていて、資料を挟んだりすることのできる優れものです。

② 大画面タイマー（dretec）

記憶には、期限を設定することが重要です。そのためタイマーがあると、集中力が増し、脳疲労を最小限にして継続することが可能です。学習効率を上げるには必須のアイテムと言えるでしょう。もちろん、お手持ちのスマホを使っても大丈夫なのですが、スマホを手にした瞬間に、私たちはいろんなことに誘惑されてしまいます。メールチェック、インスタグラム、ゲームなどなど。それらから逃れるためにも集中する前には触れる機会をあえてつくらないのが得策です。

③ 単語帳

私は単語帳を永遠の記憶グッズとして重宝《ちょうほう》しています。いつでもどこでも見ることができますし、分野別に分けることが可能です。私は1週間ごとにまとめてある程度記憶したら分類するようにします。完全に覚えられたものは思いきって捨ててください。

④ フットマッサージャー

休憩の時間には脳の疲労をリセットしてあげるのが、次の集中を高めるために必須です。そして足部のマッサージは、脳に集中していた血流を、脳からもっとも遠い部位である足部に持ってくる働きがあります。ここの血流をよくすることで、全身の血行をよくし、脳をリセットする意味合いもあります。フットマッサージをしているときには、スマホチェックするのではなくて、ちょっと目をつぶってぼーっとしてみると、身体も心も脳もリセットされて、集中力が一層継続できます。

⑤ ICレコーダー

音読が記憶するうえでとっても大切であるということをお話ししました。せっかく音読するのなら録音して、通勤時間や何か時間のあるときに聞いてみると一石二鳥ですし、聴覚刺激により側頭葉を刺激して長期記憶力がパワーアップすることと間違いありません。

⑥ アイマスク・耳栓・ネックピロー

脳疲労対策にショートナップなどを取り入れるときにあると役に立ちます。

脳のリセットのときには逆に刺激をできるだけ入力しないような工夫が必要になってきます。そのうえでもこのアイマスクと耳栓、それにネックピローがあれば、どこでも快適に昼寝ができます。

このアイテムと25分程度の睡眠で、記憶力に違いが生まれてきます。

⑦ 光目覚まし時計

朝起きて太陽光を浴びるのが難しいという方に、光を目覚ましの時刻に合わせて浴びさせてくれることによって目覚めを得る画期的な時計です。朝が苦手、セロトニンのゴールデンタイムでアクティブな時間帯をもっと有効活用したい、という方にオススメです。

The Longevity of Hippocampus-Dependent Memory Is Orchestrated by the Locus Coeruleus-Noradrenergic System.

・筋トレとワーキングメモリの関係
Med Sci Sports Exerc. 2017 Aug 7. doi:10.1249/MSS.0000000000001399. [Epub ahead of print]
Effects of Childhood Gymnastics Program on Spatial Working Memory.
Hsieh SS1, Lin CC, Chang YK, Huang CJ, Hung TM.

・ミラーニューロンと語学
Front Hum Neurosci. 2013 Dec 17; 7:870. doi: 10.3389/fnhum. 2013.00870. eCollection 2013.
Language comprehension warps the mirror neuron system.
Zarr N1, Ferguson R1, Glenberg AM2.

・マルチタスクとワーキングメモリ
Front Hum Neurosci. 2016 Nov 29; 10:610. doi: 10.3389/fnhum.2016. 00610. eCollection 2016.
Differences in Resting State Functional Connectivity between Young Adult Endurance Athletes and Healthy Controls.
Raichlen DA1, Bharadwaj PK2, Fitzhugh MC2, Haws KA2, Torre GA3, Trouard TP4, Alexander GE5.

・ポージングについて
Presence: Bringing Your Boldest Self to Your Biggest Challenges
Amy Cuddy
Little, Brown and Company (2015)

・テストステロンがドーパミン放出を促す
Br J Pharmacol. 1999 Mar;

・アデノシンがアセチルコリンを抑制するという論文
Modification of adenosine modulation of acetylcholine release in the hippocampus of aged rats.
Rodrigues RJ1, Canas PM, Lopes LV, Oliveira CR, Cunha RA.
Neurobiol Aging. 2008 Oct;29 (10):1597-601. Epub 2007 May 3.

・ウォーキングでアセチルコリンの量が増えるという論文
The effect of walking on regional blood flow and acetylcholine in the hippocampus in conscious rats.
Nakajima K1, Uchida S, Suzuki A, Hotta H, Aikawa Y.
Auton Neurosci. 2003 Jan 31;103(1-2):83-92.

・グリア細胞とエストロゲンの関係
Neurotoxicology. 2015 Jan;46:25-34. doi: 10.1016/j.neuro.2014.11.005. Epub 2014 Nov 20.
Inhibition of hippocampal estrogen synthesis by reactive microglia leads to down-regulation of synaptic protein expression.
Chamniansawat S1, Chongthammakun S2.

・ワーキングメモリについて
Neuroscience. 2006 April 28; 139(1): 23–38.
Working Memory as an Emergent Property of the Mind and Brain
Bradley R. Postle
Dept. of Psychology, University of Wisconsin-Madison

・ノルアドレナリンと海馬の関係
Neural Plast. 2017;2017:2727602. doi: 10.1155/2017/2727602. Epub 2017 Jun 11.

・脳循環とアストロサイトの
細胞容積との関係
PLoS One. 2009;4(4):e5159. doi: 10.1371/journal.pone.0005159. Epub 2009 Apr 9.
Beneficial effects of estrogen in a mouse model of cerebrovascular insufficiency.
Kitamura N1, Araya R, Kudoh M, Kishida H, Kimura T, Murayama M, Takashima A, Sakamaki Y, Hashikawa T, Ito S, Ohtsuki S, Terasaki T, Wess J, Yamada M.

・セロトニンと空間記憶の関係
Front Pharmacol. 2015 Dec 10; 6:289. doi: 10.3389/fphar.2015.00289. eCollection 2015.
Hippocampal 5-HT1A Receptor and Spatial Learning and Memory.
Glikmann-Johnston Y1, Saling MM2, Reutens DC3, Stout JC4.

・依存症とセロトニンの関係性
ACS Chem Neurosci. 2015 Jul 15;6(7):1071-88. doi: 10.1021/acschemneuro.5b00025. Epub 2015 Apr 14.
Therapeutic Potential of 5-HT2C Receptor Agonists for Addictive Disorders.
Higgins GA1, Fletcher PJ2.

・セロトニンと学習、記憶の関連性
What is the nature of the role of the serotonergic nervous system in learning and memory: prospects for development of an effective treatment strategy for senile dementia.
Altman HJ, Normile HJ
Neurobiol Aging. 1988 Sep-Dec; 9(5-6):627-38
126(6):1301-6.
Increased dopaminergic and 5-hydroxytryptaminergic activities in male rat brain following long-term treatment with anabolic androgenic steroids.
Thiblin II, Finn A, Ross SB, Stenfors C.

・線虫の実験
Transgenerational epigenetic inheritance of longevity in Caenorhabditis elegans
Eric L. Greer , Travis J. Maures , Duygu Ucar , Anna G. Hauswirth , Elena Mancini , Jana P. Lim , Bérénice A. Benayoun , Yang Shi & Anne Brunet

・エピソード記憶とアセチルコリン
J Neurosci. 2012 Oct 3; 32(40): 13787–13795.
Acetylcholine facilitates recovery of episodic memory after brain damage
Paula L. Croxson,1,2 Philip G. F. Browning,1,2 David Gaffan,2 and Mark G. Baxter1,2

・カフェインがアデノシンの
産生を抑制する
J Alzheimers Dis. 2010;20 Suppl 1:S3-15. doi: 10.3233/JAD-2010-1379.
Caffeine and adenosine.
Ribeiro JA1, Sebastião AM.

・テストステロンとミトコンドリアの
関係性とアンチエイジング
Ageing Res Rev. 2013 Sep;12(4):907-17. doi: 10.1016/j.arr.2013.09.001. Epub 2013 Sep 14.
Actions of 17β-estradiol and testosterone in the mitochondria and their implications in aging.
Vasconsuelo A1, Milanesi L, Boland R.

・20分の筋トレを行うことで
記憶力が10％高まる
Acta Psychol (Amst). 2014 Nov; 153:13-9. doi: 10.1016/j.actpsy.2014.06.011. Epub 2014 Sep 28.
A single bout of resistance exercise can enhance episodic memory performance.
Weinberg L1, Hasni A2, Shinohara M3, Duarte A4.

・マッスルメモリーについて
Aging Cell. 2016 Aug;15(4):603-16. doi: 10.1111/acel.12486. Epub 2016 Apr 22.
Does skeletal muscle have an 'epi'-memory? The role of epigenetics in nutritional programming, metabolic disease, aging and exercise.
Sharples AP1, Stewart CE1, Seaborne RA1.

・ロッククライミングと
空間記憶について
Applied cognitive psychology Volume 12, Issue 2 April 1998 Pages 145–157
Movement imagery in rock climbing: patterns of interference from visual, spatial and kinaesthetic secondary tasks
Mary M. Smyth, Adam Waller

・睡眠と記憶
Nat Neurosci. 2000 Dec;3(12):1237-8.
Visual discrimination learning requires sleep after training.
Stickgold R1, James L, Hobson JA.

・シータ波と睡眠と記憶
J Neurosci. 2017 Aug 16;37(33): 8003-8013. doi: 10.1523/JNEUROSCI.0026-17.2017. Epub 2017 Jul 20.
46Electrophysiological Evidence That

・空間記憶について
McNamara T. P. (2013). Spatial memory: properties and organization, in Handbook of Spatial Cognition, eds Waller D., Nadel L., editors. (Washington, DC: American Psychological Association;), 173–190

・ドーパミンと記憶の保持
Nature. 2016 Sep 15;537(7620):E7-9. doi: 10.1038/nature19086.
Amyloid-β transmission or unexamined bias?
H Adams HH1,2, A Swanson S1,3, Hofman A1,3, Ikram MA1,2,4.

・オキシトシンとLTP
rain Res Bull. 2002 Jun;58(2):141-7.
Oxytocin induces long-term depression on the rat dentate gyrus: possible ATPase and ectoprotein kinase mediation.
Dubrovsky B1, Harris J, Gijsbers K, Tatarinov A.

・想起の2つ回想と親近性について
The Japanese Journal of Animal Psychology, 60, 2 105-117 (2010)
Episodic-like memory in non-human animals: What-Where-When memory and mental time travel.
NOBUYA SATO
Department of Integrated Psychological Sciences, Kwansei Gakuin University

・長期記憶と睡眠について
Physiol Rev. 2013 Apr; 93(2): 681–766.
doi: 10.1152/physrev.00032.2012
PMCID: PMC3768102
About Sleep's Role in Memory
Björn Rasch and Jan Born

・瞑想により脳での神経細胞の密度が高まったことを報告している例

Psychiatry Res. 2011 Jan 30;191(1): 36-43. doi: 10.1016/j.pscychresns. 2010.08.006. Epub 2010 Nov 10. Mindfulness practice leads to increases in regional brain gray matter density. Hölzel BK1, Carmody J, Vangel M, Congleton C, Yerramsetti SM, Gard T, Lazar SW.

・ぼーっとすると脳は15倍働くという報告

Proc Natl Acad Sci U S A. 2001 Jan 16;98(2):676-82. A default mode of brain function. Raichle ME1, MacLeod AM, Snyder AZ, Powers WJ, Gusnard DA, Shulman GL.

・外国語と記憶の関連性

Neuroimage. 2012 Oct 15;63(1): 240-4. doi: 10.1016/j.neuroimage.2012.06.043. Epub 2012 Jun 29. Growth of language-related brain areas after foreign language learning. Mårtensson J1, Eriksson J, Bodammer NC, Lindgren M, Johansson M, Nyberg L, Lövdén M.

その他、膨大な数の論文や資料などを参考にさせていただきました。この場を借りて、御礼を申し上げます。

the Retrosplenial Cortex Displays a Strong and Specific Activation Phased with Hippocampal Theta during Paradoxical (REM) Sleep. Koike BDV1,2, Farias KS1,2, Billwiller F2, Almeida-Filho D1, Libourel PA2, Tiran-Cappello A2, Parmentier R2, Blanco W3, Ribeiro S1, Luppi PH4, Queiroz CM1.

・感情と認知力(ワーキングメモリ)の関連性

Eur Arch Psychiatry Clin Neurosci. 2017 May 19. doi: 10.1007/s00406-017-0806-x. [Epub ahead of print] Reduced amygdala reactivity and impaired working memory during dissociation in borderline personality disorder. Krause-Utz A1,2,3,4, Winter D5,6, Schriner F5,6, Chiu CD7, Lis S8, Spinhoven P9,10,11, Bohus M8, Schmahl C5,6, Elzinga BM9,10.

・瞑想と記憶

J Alzheimers Dis. 2015;48(1):1-12. doi: 10.3233/JAD-142766. Stress, Meditation, and Alzheimer's Disease Prevention: Where The Evidence Stands. Khalsa DS1,2.

・ストレスと記憶について

48.Neuroscience. 2007 Nov 23; 149(4):729-38. Epub 2007 Aug 14. Central mineralocorticoid receptors are indispensable for corticosterone-induced impairment of memory retrieval in rats. Khaksari M1, Rashidy-Pour A, Vafaei AA.

著者プロフィール
川﨑康彦（かわさき・やすひこ）

ハーバード医科大学の医療機関の元研究員。医学博士。福岡県出身。大学にて東洋医学・西洋医学の両方を学ぶ。その後、これまでの研究成果を買われ、ハーバード医科大学ブリガム・アンド・ウィメンズ病院麻酔科の研究員として招かれる。日本に帰国後は、医学博士、理学療法士、カウンセラーとして運動、睡眠、痛みなど脳にも関わる診療に携わっている。外国語も堪能で、ロシア語、スペイン語、フランス語、韓国語など7つの言語を習得している。著書に『ハーバードで学んだ脳を鍛える53の方法』（アスコム）がある。

著者公式ホームページ
http://bmsunitedjapan.com/

ハーバード式　最高の記憶術

2017年10月1日　第1刷発行

著　者　　川﨑康彦

発行者　　櫻井秀勲
発行所　　きずな出版
東京都新宿区白銀町1-13　〒162-0816
電話03-3260-0391　振替00160-2-633551
http://www.kizuna-pub.jp/

印刷・製本　モリモト印刷

ISBN978-4-86663-012-0

きずな出版

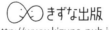